高精度教育ビッグデータで変わる 記憶と教育の常識

－マイクロステップ・スケジューリングによる知識習得の効率化－

寺澤孝文 編著

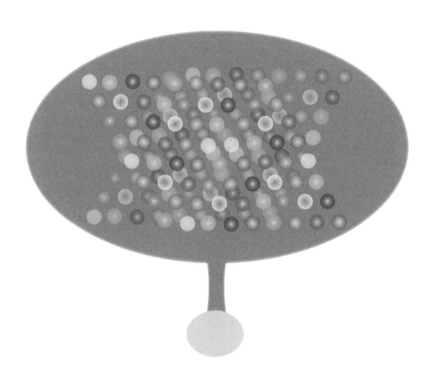

風間書房

はじめに

　ここでは、少々長くなるが、本書のエッセンスをかいつまんで紹介する。その後、関心に応じて第1部、第2部を読み進めていただきたい。第1部は、主に学校等の先生方や、英単語等を効率的に覚えようとしている一般の方、第2部は研究者向けに書かれている。

厳格な記憶研究から始まった高精度教育ビッグデータの研究

　何十年も前になるが、筆者は博士課程のある大学院に進学する時に、驚くような経験をした。文字通り「劇的」にドイツ語を習得した経験である。辞書を使ってもドイツ語を読めない状態から、実質的に2年足らずで完全にドイツ語の文章を読めるようになった。その体験談をここで語るつもりはないが、そこで意図せずたまたま採用した、ある学習法が劇的な成果につながったと今は確信している。それは、本書で紹介する高精度教育ビッグデータから科学的に導き出された、効率的な学習法と（はからずも）一致していたからである。一方で、後悔もある。ビッグデータの解析結果からすれば、まだまだ無駄な勉強をしていたと言えるからである。

　筆者は科学者である。それも人間の記憶を厳密に測定し、そのメカニズムを理論化する実験心理学が専門であり、裏付けデータが無ければ「こうすれば英単語は効率的に覚えられる」などとは口が裂けても言えない立場にある。そんな筆者が、科学とは言えない、極めて個人的な体験を冒頭で紹介する理由を、ここではまずご理解いただきたい。

　ことの始まりは、筆者が博士論文で、"記憶が消えずにずっと残り続けている"という事実を予測し、それを検証したことにある。博士論文は、次の著書にまとめられている。

寺澤孝文「再認メカニズムと記憶の永続性」風間書房

　そこでは、2秒程度の単語学習を何回行ったかという、反復回数の影響が数か月後に検出できるという信じられないような結果が導き出されている。現在、記憶はすぐ消えてしまうと思われているが、実際は、記憶は消えずにずっと残り続けており、方法によっては、単語カードで英単語を覚えた回数の影響が半年後に検出できるという結果である。この事実はこの数年でさらに発展し、人が意味のない感覚情報を3週間〜3、4か月単位で保持しているという、さらに驚くような事実が最新の記憶研究で報告され始めている。この記憶の永続性に関する研究が、本書で紹介する高精度教育ビッグデータの研究の起源になる。

　わずかな学習の効果を数か月後に科学的に検出できるということは、その効果を可視化できることを意味している。子どもたちは、日常の中で、英単語や漢字のような多数の内容を日々勉強している。その一つひとつのわずかな学習回数の効果が可視化できれば、勉強してもなかなか覚えられないと思われている学習を意欲づけられるのではないかと考えた。そこから始まった研究が、本書で初めてまとめられる、高精度教育ビッグデータの研究になる。

　ただ、基礎研究を実用レベルに引き上げることは容易ではなかった。転機は、これまで測定できなかった長期にわたる語彙習得のプロセスを、科学的に解明する方法を手に入れたことにある。それがマイクロステップ・スケジューリング技術である（第2部参照）。その方法により初めて収集できるようになった、高精度教育ビッグデータの解析と最新の記憶研究によって、今までの常識と異なる効率的な学習原理が科学的に明らかになり始めている。

　典型的な結果として、図0をご覧いただきたい。これは、3名の高校生の一人ひとりの英単語の成績データである。各生徒が毎日10分足らずの英単語学習を3週間という短い期間継続した結果、英単語の成績がどのように変化したのかが描き出されている。横軸は学習を始めてからの期間（この1サイクルは2日を意味している）、縦軸は英単語の成績に対応している。学習の効

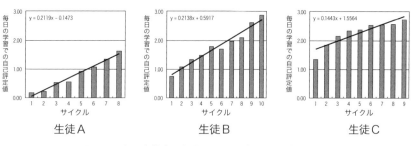

生徒A　　　　　　　　　生徒B　　　　　　　　　生徒C

図0　3人の高校生の英単語の習得度の変化（3週間）

　果はきちんと積み重なり、直線的に語彙力が上昇したことが分かる。
　勉強すれば成績が上がるとよく言われる。しかし、図のような結果を個人
ごとに描き出す研究は、現時点でも世界中どこを探しても見つからない。で
きそうでできなかったことができるようになった理由があるわけである。な
お、図に描き出される成績の上昇は、人間には自覚できるものではない。自
覚できないレベルの学習段階のことを筆者はマイクロステップと呼んでいる
（寺澤, 1998）。
　上記の結果を導き出したマイクロステップ・スケジューリング法という新
技術と、それを利用して20年以上をかけて収集してきた、高精度教育ビッ
グデータを解析した科学的結果を慎重に吟味し、一般の方々に、やってはい
けない学習法と効率的な学習法を周知することが本書の主な目的の一つであ
る。結論的には、学習効率を決定するのは学習のスケジュールであり、学習
法はさほど大きな効果を持たないということである。ただし、それは模擬試
験や入学試験で真価が問われる実力レベルの知識習得に言えることであり、
一夜漬けの学習には当てはまらない。現在ごく一般的になされている英単語
等の学習法は、一夜漬けの学習には効果的であるが、実力テストに対しては
ほとんど効果を持たない。これは非常に深刻な事実であり、一日も早く広く
周知しなければいけない内容である。逆に、効率的な学習法を採用すれば、
冒頭で紹介した、筆者の驚くような体験と同じ体験を、ほとんどの方が経験

できる可能性がある。

　巷には、英単語などの学習法を紹介している本やメディアがたくさんあるが、くれぐれも本書とは区別していただきたい。例えば、英単語は「覚えようとしなくても、覚えられる」というような広告を見掛けるが、それは本当であろうか。その広告では科学的証拠は一切紹介されていない。どのくらいで覚えられるのか、個人差はどのくらいあるのか、誰にも当てはまることなのか、そしてそもそもその学習サービスを利用した人自身が、英語を完全に習得できるのか等々、一切示されていない。根拠のない営業が今の教育分野ではまかり通っている。

　ただし、「覚えようとしなくても覚えられる」に限っては、科学的に正しいことである。本書が紹介する、マイクロステップ・スタディという e ラーニングでは、あえて「覚えようとしないように」とマニュアルに明記している。その根拠は、覚えようとしなくても、実力レベルの語彙力は着実に向上していくこと、また、覚えようとすると時間がかかってしまい、総学習量が少なくなってしまうという科学的事実にある。暗記系の学習に限っては、「がんばって時間をかけて覚えなさい」という指導助言も、近い将来、過ちといわれるようになるはずである。

　本書で紹介する内容は、次にあげる、国内最大規模の公的な研究・事業助成（代表者：寺澤孝文）を受け、20 年以上をかけて明らかにしてきた数多くの研究結果を、慎重に吟味し、ようやく言及できるようになった内容である。本書で紹介する内容は全て、厳密な科学的根拠に基づいたものである点が、一般の学習法のハウツー本とは大きく異なっている。以下の中で、内閣府の SIP 事業（戦略的イノベーション創造プログラム）は、国家プロジェクトに位置付けられており、高精度教育ビッグデータを活用した新型 e ラーニング（マイクロステップ・スタディ）の社会実装の推進が目的となっている。マイクロステップ・スタディは、ほとんど広報していないにも関わらず、意欲を失っている児童・生徒をどうにか変えてあげたいという願いや、効率的な学習法

に対する期待から、実装先の自治体や学校等の関係者がネット等で調べ、岡山大学に導入依頼をされ、社会実装が急速に広がり始めている。本書も、以下の助成のうちの最後の 2 件の助成により出版に漕ぎつけたものである。

・平成 14 〜 17 年度科学研究費補助金基盤研究（A）
・平成 22 〜 26 年度科学研究費補助金基盤研究（A）
・平成 30 〜令和 2 年度内閣府 SIP（戦略的イノベーション創造プログラム）第 2 期／ビッグデータ・AI を活用したサイバー空間基盤技術
・平成 30 〜令和 2 年度兵庫教育大学大学院連合学校教育学研究科共同研究プロジェクト

　高精度教育ビッグデータにより明らかになってきた事実は、これまで常識的に効果があると捉えられていた勉強法をかなり否定するような内容になる。その理由は、いわゆる知識（長期記憶）は、顕在記憶と潜在記憶という 2 つの記憶に分類され、これまでの学習法が、そのうちの顕在記憶、すなわち一夜漬けの学習効果に対応する記憶の研究から導き出されてきたためである。資格試験や入試など、実力に対応する知識（潜在記憶）の習得に関しては、技術的に測定が難しく、ほとんど研究がなされてこなかった（できなかった）。その意味では、一般的に広がっている学習法は、一夜漬けの勉強には役立つが、実力テストの成績向上に適用することは間違っているとご理解いただきたい。

　実力の習得に関する研究がほとんど行われていないことは、不思議に思われるかもしれないが、その理由が本書を出版する意義にあたる。つまり、実力を厳密に測定するためには解決しなければならない障壁があったわけで、それを初めて解決したのが第 2 部で紹介するマイクロステップ・スケジューリングという新しい測定技術である。

教育は完全な科学になる

　読者はもとより、子どもが覚えないといけない、英単語や漢字などの知識は膨大で、習得には長期にわたって何度も繰り返し勉強することが必要である。なにより、そのような膨大で長期にわたる語彙習得プロセスを科学的に描き出す方法がこれまで"全くなかった"事実に目を向けていただきたい。また、英単語テストを受けて正答できても、たまたま正解できたのではないかという不安を拭えず勉強を続けている読者がいると思う。つまり、勉強した知識が本当に身についたかどうかを知るすべなく勉強を続けている現状がある。大学入試のような、たった一度のテスト、それも膨大な知識の中のわずかな一部の知識が問われるテストで、問題ごとの正確な実力を測定することが難しいことは言うまでもない。教育がこれまで科学になり得なかった最大の原因は、教育の評価技術にブレークスルーがなかったことにある。

　高精度教育ビッグデータにより、知識習得に関わる研究は大きく進歩すると明言できる。それは、図0に示されたように、これまで原理的に測定できなかった、微細な学習効果の積み重ねを、"学習者ごと"に正確に測定し、可視化できるようになったからである。平均的な変化しか描き出せなかったこれまでの研究とは全く違う次元で研究や教育を進めることができるようになるのは間違いない。それにより、どんな学習法が効率的かを解明していくことはもとより、学習者ごとに最適な学習を提供すること、そして教育施策の効果を科学的に評価できるようになる結果も既に得られている。これから教育は正真正銘、厳密な科学に変わっていく。

これまで手に入らなかった情報

　現在岡山大学では、これまで想像もつかなかったほど詳細な個人の学習情報が、小学生から大学生、社会人に至るまでの、数千人の学習者一人ひとりに関して、年間を通じて描き出され、それが個別にフィードバックされ始めている。2019年度から、岡山大学の新入生全員を対象に採用されたマイク

ロステップ・スタディでは、図 0 のような成績のフィードバックが WEB で提供されている。その一連の e ラーニングについては、2019 年度日本 e ラーニング大賞で「文部科学大臣賞」を受賞した。

　また、高精度教育ビッグデータの典型的な活用例として、個別最適化という機能が 2020 年度から本格的に動き出している。そこでは、一人ひとりの学習者が勉強している英単語の一つひとつについて、一夜漬けの効果が排除された、実力の変化が正確に描き出され、実力レベルで最高点を超えたと推定された英単語が学習リストから消えていくしくみが動き始めている。マイクロステップ・スタディでは、「完全習得まであと何語残っている」という情報も学習者にフィードバックされている。まだまだ完全とまではいかないが、実力といえる語彙の習得レベルを、学習者ごと、さらに学習内容ごとに正確に推定する処理が自動化されたことは、学習者ごとに最適な学びを保証する最初の一歩になるはずである。あなたがあと何日で全ての英単語を習得できるのかはもちろん、目標の大学に入学するために今のペースで間に合うのかなどを教えてくれるシステムも近い将来出てくるはずである。高精度教育ビッグデータは、英単語などの知識習得に対する強力なサポーターになると考えている。

　本書の第 1 部では、高精度教育ビッグデータに、最新の記憶研究の知見を加えて導き出された、効率的な学習法に説明を加える。繰り返しになるが、結論を言えば、英単語など暗記系の学習では、覚え方はさほど効果を持たず、勉強をどのようなペースで進めていくのかという、スケジュールが非常に大きな効果を持つということである。英単語や漢字などの単純な暗記ものに限定されるが、現時点で推奨できる学習スケジュールは、一つひとつの内容は完璧に覚えようとせず（固執せず）、全体を網羅して、全体を通して「戻らずに」、反復する数を可能な限り増やすことである。

　もし読者が、明日の英単語テストのために同じ英単語を 10 回も 20 回も繰り返し勉強していたら、すぐにも勉強法を変えることをお薦めする。一日に

同じ英単語を 5 回を超えて反復することは無駄になっているからである。また、覚えるまで固執して繰り返し勉強し、覚えたら次のページに進むという学習は、実力を身につけるうえでは明らかに非効率である。さらに、時間をかけ、眉間にシワを寄せながら英単語を一生懸命覚えようと勉強している人は、すぐにも、2 秒程度の短時間で見流すような気楽な学習に切り替えるべきである。

　にわかには信じられないかもしれないが、これらの学習法は、年単位で実施される膨大な学習実験の結果から導き出された事実に基づいている。

　その他、難しい英単語と簡単な英単語で、実力レベルの習得のスピードは変わらないこと（寺澤・太田・吉田, 2009；寺澤・高木・寺前・原, 2007）、英単語の意味を覚えるのなら、書いて覚えることは非効率であることなど、本書でも紹介しきれない様々な事実が明らかになってきている。これらの事実は、何より筆者自身当初は信じられなかったことである。しかし、記憶研究の膨大な知見と 20 年かけて収集されたビッグデータに基づけば、（まだまだ追試が必要であることは間違いないが）現時点では正しいと言わざるを得ない事実である。

記憶は消えずに積み重なっていく

　英単語学習に関心のある人は、記憶のしくみにも関心がある方が多い。そのような方は、これを機会に、人間の記憶能力に関する研究にも関心を広げていただきたい。現在、一般的に、記憶はすぐ消えると"信じられて"いるが、実際は、（見流すような）学習をした瞬間に学習内容は脳内に固定され、（少なくとも）数か月単位で残り続けていることが学術研究で検証され、主要な雑誌に掲載され始めている。筆者自身到底信じられなかった事実であるが、正真正銘の科学的事実である。例えば、あなたが全く意味のない 3 秒程度のメロディを聴き流しただけであっても、その 2、3 か月後にあなたがその感覚情報を覚えていることを完璧に証明する、鳥肌もののデモもできるように

なっている。

　記憶が消えずに残っているなら、英語の習得には苦労しないのではないか
と質問を受けるが、記憶が残っていることと、それを思い出したり使えたり
するようになることは本質的に異なる。言い換えれば、「覚えているが思い
出せない」しくみを人間は持っているのである[1]。記憶は思い出せなくても、
消えずに、少しずつ積み重なっていき、ある時点で「フッ」と浮かんでくる
ようになる。それが本当の意味でその知識が習得された状態を意味する。そ
の自覚できない成績の上昇を可視化したのが、図0である。

　「記憶の永続性」についても、一般の読者には初めて知る内容であると思
うが、本書で紹介する高精度教育ビッグデータに関する研究は、まさにその
事実を出発点とした研究である。記憶の永続性とビッグデータの研究結果の
関連は、この後、潜在記憶とビッグデータの関係として若干説明しているが、
わかりやすい一般書としては、寺澤（2016）を参照されたい。

　これまで、図0のような自覚できない学習の積み重ねが見えなかったため、
多くの学習者が英単語の習得をあきらめてきた。それに対して、高精度教育
ビッグデータにより、それまで見えなかった学習の積み重ねが可視化できる
ようになったことで、全ての学習者が、知識習得を計画的にまた、効率的に
進めることが可能になった。

---

1)　実はこの「思い出せないしくみ」があるからこそ、私たちは平穏な生活を送ることが
　できているといえる。それが機能しなければ、おそらくサヴァン症候群といわれる障が
　い（驚異的な記憶能力を持つといわれる）と同じ症状を示すことになると考えられる。
　私たちはサヴァン症候群の患者と同程度の、驚異的な記憶能力を持っているが、記憶し
　ている膨大な情報から、毎回新たな情報を創り出し、それを思い出したと思っているの
　である（実は「見えている」ものも創り出されている情報である）。この理論は認識の
　生成理論と呼んでいる（関心のある方は寺澤［2008］を参照いただきたい）。なお、驚
　異的な記憶能力を私たち誰もが持っていることは、現在、比較的簡単な実験で証明でき
　るようになっている。記憶の永続性と生成理論に関しては"創造"のメカニズムにつな
　がるため、別に執筆の機会が得られると思う。

データサイエンスや人工知能研究に必須となる情報

　本書の第1部で紹介する、新しい学習法の裏付けとなる研究成果は、20年以上かけ、多くの学校で実施された数多くの検証実験から得られたものである。教育分野で科学的な裏付けを得るためには、半年以上を要する長期の実験をひとつずつ積み重ねていく必要がある。それも、実験協力者にメリットを提供できなければ、研究は続けられない。その意味からすると20年は決して長いわけではない。一方、本書で紹介する研究は、長い教育の歴史の中で初めて可能になった、生まれたばかりの研究である。今後、教育や心理学はもとより、データサイエンスや人工知能（AI）など様々な領域、そして一般の学習者に対して様々なメリットが生み出されていくことが予想できる。

　特に、最近注目される AI やデータサイエンスに対して、本書で紹介するeラーニングのプラットフォームは、大きなメリットを提供することになる。GAFA（Google、Amazon、Facebook、Apple）に代表される企業が、世界のICT を牽引している力の源泉は、それぞれの企業が、一般個人に大きなメリットを提供できるサービスを持っていることにある。特に、21世紀に入って急激に性能を上げた AI の技術は、人間と同様、様々な情報を学習（経験）することにより成長していく原理に従っている。つまり、学習（経験）させるデータがなければ AI は作れないのである。筆者が研究をストップさせ、高精度教育ビッグデータを活用したマイクロステップ・スタディの高度化と充実に全てを投入してきた理由は、人間の知性（Human Intelligence）と同じものを、人間とは違う存在（筆者は、AI をもじって HI と呼んでいる）で実現するためには、人間の経験データが必須であるからである。もっと言えば経験データが人間の全ての行動を形作っているとまで言える独自の認識理論があるためである。なにより、現在の AI は、それが何をやっているのか不明のまま、様々な処理を組み合わせたモデルが作られ、それが適用されている。そもそもモデルが正しいのかどうかを判定する術を持たずに、何となく人間と同じような判断を行っているから正しいという、非常に危うい判断で

AI の開発は進まざるを得ない特徴を持つ。

　つまり、AI を作るのも、AI を評価するのも、全てが人間の行動データに依存するわけである。また、本書で紹介する精度の高い膨大な行動データ、さらには、日常的に多数の個人がアクセスするサービスを生み出せば、さらに多様な行動データを手に入れることが可能になる。本書の内容は、教育分野に特化した内容であるが、その守備範囲は、読者が現在イメージしている範囲を大きく超えるものになると考えており、筆者らは、実際にその方向で動いている。常識を変える、驚くような事実が今後多数明らかになっていくはずである。

本書の構成

　本書は 2 部から構成される。

　第 1 部は教師や一般の読者向けに、新たに推奨される学習法や、高精度教育ビッグデータによるフィードバックが意欲を失った子どもたちの意欲を劇的に上げられる事実、およびそれを可能にするマイクロステップ・スタディという e ラーニングの概要を紹介する。語学の学習法に関心のある方はもとより、漢字も読めずに社会に出ていくような子どもたちをどうにかしてあげたいと願っている学校の先生や支援者、保護者に読んでいただきたい。

　第 1 部では、高精度教育ビッグデータに代表される ICT の進化と普及により、社会科学が歴史的変化を遂げることや、近年注目されているデータサイエンスの発展には、人間の科学的理解が必須になることを紹介する。また、Google などのプラットフォーマーが AI や情報科学を牽引している理由、そして日本が追従せざるを得ない理由と挽回のヒントにも言及している。社会科学やデータサイエンスの分野に関心のある研究者や学生さんにも是非読んでいただき、数理・情報系の知識とスキルだけではデータサイエンスは成り立たないことを理解していただきたい。

　第 2 部は、第 1 部で紹介している内容の根拠を導き出している学術研究の

概観（第2部第1章）と背景（第2部第2章）および基本的な方法（第2部第3章）を紹介している。第2部第3章に紹介しているマイクロステップ・スケジューリング法は、人間の行動データを正確に測定するための実験心理学の実験計画法を時間次元の要因に適用した内容であり、かなり難解に思われるかもしれない。しかし、人間の経験を科学的に扱うためには、「経験＝スケジュール」を科学的に表現することが必須である。その原理と新しい実験計画法を第2部第3章で紹介している。その方法論をコンピュータシステムに実装する方法については、第2部で引用している特許を参照していただきたい。

　本書で紹介する内容の基盤となる研究知見については、次の文献で紹介されているので参考にしていただきたい。また、本書で引用されている研究の出典は、第1部、第2部ごとに最後にまとめた。

　＜一般書＞
・寺澤孝文（2001）　記憶と意識—どんな経験も影響はずっと残る—（第5章）森敏昭（編著）認知心理学を語る①：おもしろ記憶のラボラトリー　北大路書房, 101-124.
・寺澤孝文（2014）　ビッグデータのスケジューリング技術により見えなかった"学習効果"を可視化　月刊 J-LIS（地方公共団体情報システム機構）4月号, 32-37.
・寺澤孝文（2016）　潜在記憶と学習の実践的研究　太田信夫・佐久間康之（監修）「英語教育学と認知心理学のクロスポイント—小学校から大学までの英語学習を考える—」　北大路書房, 37-55.
　＜学術論文・図書＞
・寺澤孝文（2015）　教育ビッグデータの大きな可能性とアカデミズムに求められるもの—情報工学と社会科学のさらなる連携の重要性—　コンピュータ＆エデュケーション（コンピュータ利用教育学会）, 38, 28-38.
・寺澤孝文（2016）　教育ビッグデータから有意義な情報を見出す方法—認知心理学の知見をベースにした行動予測—　教育システム情報学会誌, 33, 67-83.

・寺澤孝文・太田信夫・吉田哲也（編）(2007)　マイクロステップ計測法による英単語学習の個人差の測定　風間書房
・寺澤孝文・吉田哲也・太田信夫 (1998)　英単語学習における自覚できない学習段階の検出：長期に連続する日常の場へ実験法を展開する　教育心理学研究, 56, 510-522.
・寺澤孝文 (1997)　再認メカニズムと記憶の永続性　風間書房

　本書は、兵庫教育大学大学院連合学校教育学研究科共同研究プロジェクト「子どもの意欲と学力を向上させる教育ビッグデータの利活用ネットワークの形成」、および、内閣府「戦略的イノベーション創造プログラム（SIP）第2期／ビッグデータ・ＡＩを活用したサイバー空間基盤技術／学習支援技術／高精度教育ビッグデータをベースとした教育支援の公教育への導入推進」の助成により出版の機会を得た。

　最後になるが、非常にタイトなスケジュールで本書の出版をお引き受けいただいた風間書房の風間敬子さんをはじめとするスタッフのみなさんに、心から感謝の意を表したい。厳格な学術図書の出版社として、筆者の周りの研究者の中では知らない者がいない風間書房さんから、高精度教育ビッグデータを初めて紹介する本書が出版できることはこの上ない喜びである。また筆者の過去から今までの人生を支えていただいた、恩師の先生方、家族、そして協力者の皆さんに心から感謝の意を表したい。
　本書が日本と世界の教育をさらに良くする一歩となることを祈念している。

2021 年 1 月 15 日

岡山大学大学院教育学研究科教授／
兵庫教育大学大学院連合学校教育学研究科教授

寺澤孝文

目　次

第 1 部　記憶研究と高精度教育ビッグデータから導かれる新たな教育と研究の在り方

第２部　高精度教育ビッグデータにより変わる教育の学術基盤

第 1 部

記憶研究と高精度教育ビッグデータから
導かれる新たな教育と研究の在り方

第1章　高精度教育ビッグデータが知識習得の方法と教育支援に与えるインパクト

　「英単語や漢字、資格試験の知識など、たくさんあってなかなか継続できない勉強を、効率的にまた継続させられる方法を紹介します。」

　こういった書き出しで始まる一般書やパンフレットが教育分野には数多く見られる。ところが、それらには厳密な科学的根拠が一つも示されていないことが多く、わずかな体験談でその有効性をアピールするものがほとんどである。最近はエビデンスベースの教育が重要といわれるが、教育はまだまだ科学になっていないところが多い分野である。

　それに対してここでは、英単語や漢字のような習得に時間を要す学習に関して収集されはじめた、質の高い大量の学習データ（高精度教育ビッグデータと呼ぶ）の分析結果から明らかになった、常識を覆すような最新の研究成果と、そこから導かれる効率的な学習法を紹介する。紹介される事実は、現在一般に行われている英単語の学習法をかなり否定するものになる。

　また、収集される高精度教育ビッグデータは、学習データに限らず様々な心理尺度（アンケート）データを含んでいる。従来のように、単発的なテストやアンケートでデータを収集する方法とは全く違う方法で、質の高い膨大な個人のデータ（縦断データ）が湯水のごとく収集され、分析され始めている。高精度教育ビッグデータは、教育に限らず、研究パラダイムも大きく変えると考えられる。

　本章では、高精度教育ビッグデータが、教育と研究に対してそれぞれ与えるインパクトを理解していただきたい。

教育が科学になるために必須なこと

　冒頭で紹介した、図0のようなグラフが、WEBをはじめ印刷冊子として学習者一人ひとりにフィードバックされる、新たなeラーニング（マイクロステップ・スタディ）が、岡山大学の新入生全員の他、小学校、中学校、高校に拡大している。マイクロステップ・スタディは、2020年度にはおよそ6千人対象に、半年以上にわたり提供され、膨大な学習データが集約されている。また、そのeラーニングシステムを利用した数多くの長期学習実験から、英単語や漢字といった単純な知識習得に関しては、成績はほぼ直線的に上昇することも明らかになっている。つまり、英単語等の知識の完全習得に必要な期間など様々な予測を、個別に科学的に判断できる段階にはいってきた。

　さらに、半年を超える厳密な学習実験により、同じ英単語を1日に5回を超えて反復学習することが非常に無駄であること（寺澤・吉田・太田, 2008）、短時間の見流す程度の学習が効率的であること（西山ら, 2018）等、新たな科学的事実も明らかにされている。これらの事実は、もちろん筆者ら研究者にも、当初は信じられないものであった。信じられないのに、なぜそのような条件を設けて長期の学習実験を行ったのか。その理由は、それらが科学的に予測された結果であったからである。

　例えば、一般のみなさんは単語カードを1度見るようなわずかな勉強の効果を、半年以上にわたって測定しても、「記憶はすぐ消えてしまうから意味がないのでは」、「覚えようとせず、見流す程度の学習で覚えられるはずない」と思われるだろう。確かにそう感じるが、科学的事実は違う。それらは20世紀後半から行われている潜在記憶に関する実験室研究では既に知られていたことであった（例えば、Roediger & McDermott, 1993；寺澤［2016］参照）。

　英単語などの知識習得には、「記憶」が関わっていることは誰もが認めることであるが、記憶の基礎研究と、英単語の勉強はこれまで十分リンクしていなかった。というよりもリンクさせる技術がなかったのである。

　実験室研究と日常の学習場面の違いは様々ある。扱う学習内容（例えば、

英単語）の数は比較にならない。学習期間も記憶実験では 1 時間もかからないが、一般的な学習は年単位で続く。実験は一律等しいタイミングで学習とテストが求められるが、日常の学習では、学習やテストを受けるのも厳密に統制できるものではない。さらに、英単語や漢字などの知識は、何度も学習しないと習得できないが、実験室研究では習得するまで実験を継続することは難しい。

　もう少し具体的に考えると、実験室実験で求められる学習はせいぜい 100 回程度であるが、年間を通じて 1000 個の英単語を 10 回勉強するだけでも、のべ 1 万回を超える学習・テストの実施が必要になる。さらに言えば、実験協力者ごとに、1 万回の学習とテストを、英単語ごとに、それぞれ「いつ」学習し、「いつ」テストをするのかを制御しなければならない。こんなことは、とても人間わざではできない。このような日常の連続性と時間的自由度、そして桁外れに多い学習やテストイベントの数に対処できなかったことが、教育が科学にならなかった一つの原因といえる。本書で紹介する新たな真実は、これらの問題を、コンピュータの力を借り、マイクロステップ・スケジューリングという新しい技術により解決した結果、手に入るようになったものである。

　そしてもう一つ、教育が科学にならなかった何より大きな原因は、学習や教育の営みが、人間の直感的な判断で吟味されてきたことにある。例えば単語カードを見流すようなわずかな学習の効果が半年以上残り続けている、つまり記憶は消えないという事実も、にわかには信じがたい事実である。しかし、そのような信じがたい事実も、研究者の主観や直感を排し、報告されるデータに真摯に向き合い、深く考えることで、論理的に予測でき、厳密な実験により検証できるようになる。人間の能力は、私たちが思っている以上に、信じられないほどにすばらしいものである。

教育がボトムアップ的に変革される

　筆者が本書をまとめようと考えた一番の理由は、高精度教育ビッグデータから抽出された子ども一人ひとりのデータが、学力低位層の子どもたちの学習意欲を劇的に高める事実、さらに、ほぼ全ての子どもにおいて漢字や英単語の成績が上昇し、完全習得できるデータを目の当たりにしたことにある。漢字も読めずに社会に出て行かざるを得なかった子どもが、高精度教育ビッグデータにより、やる気を持って勉強に向かうようになることは間違いない。本書では具体的な事例は十分紹介できないが、子ども一人ひとりの行動が変わり、それが教育全体を変えていくことは容易にイメージしてもらえると思う。教育は、大人が変えていくものではなく、子ども自身が変わることで自然と変わっていくものである。

　以下では、高精度教育ビッグデータという科学的基盤をベースにした教育と、これまでの教育の違いを、インパクトをもって理解していただくため、高精度教育ビッグデータから明らかになってきた、新しい事実をいくつか紹介する。

　それらの科学的事実は、現在教育分野で一般に受け入れられている学習法と相容れないものがほとんどである。言い換えれば、現在の教育の方法を科学的に見直す必要があることを意味している。自覚できない学習効果の積み重ねを一人ひとりの学習者ごとに、詳細に可視化できるようになったということは、様々な学習法の効果を科学的に比較検討できるようになったことを意味している。データを見る限り、現在の英単語や漢字等のドリル学習の指導は、一夜漬けの学習には効果があるが、実力レベルの知識習得に効果を持たない、もしくはネガティブな効果を持つ学習法が推奨されていると言える。

　以下ではその典型的な内容を紹介するが、現在一般に広がっている誤った知識習得の学習法を一日も早く見直すきっかけにしていただきたい。

想像できない意外な事実

　従来の学習の常識を大きく変える新しい事実が明らかになってきている。その代表的なものをここではいくつか紹介する。詳細は第１部第３章も参照いただきたい。

　まず、英単語や漢字といった単純な知識を習得する上で、テストを課すこと自体が望ましくないことが明らかになってきた。翌日英単語テストがあれば、高校生などはその前日に同じ英単語を 10 回も 20 回も繰り返し勉強して覚えようとする。それにより次の日のテストでは一夜漬けの学習効果で 100 点も取れるかもしれない。ところが、同じ学習をして１か月後に残っている実力の積み重ねを測定すると、１日の中で５回を超える反復学習の効果は、半年間にわたって積み重なっていかない（寺澤・吉田・太田, 2008）。ちなみに、漢字の読みの学習では、１日に２回を超える学習は積み上がらない結果が得られている（寺澤・吉田・太田, 2007）。

　つまり、学校でテストを課せば、膨大な無駄な学習を生徒に強いることにつながるわけである。現在テストは、勉強しない生徒に勉強をさせる道具として使われている感もある。知識習得に関しては、そのようなテストを行うこと自体が、非効率な学習を課すことにつながるという事実は、深刻にとらえる必要がある。逆に、一日の中で同じ英単語の反復は最小にし、異なる種類の英単語を多数覚えて、長い期間で、まばらに計画的に総反復回数を増やすことが、非常に効率的な英単語学習法になると考えられる。

　筆者らが、学術の立場からマイクロステップ・スタディを一日も早く広げようとしている理由は、この例のように、高精度教育ビッグデータにより科学的に明らかになってきた事実が、教育現場で現在一般的に推奨されている学習法を真っ向から否定するような内容が多いからである。それが、日本人の英語が不得意な原因になっているのではないかと思うほどである。

　英単語や漢字などの暗記系の学習では、「時間をかけて一生懸命覚える」ことは非効率であり、「見流す程度にサクサク勉強を進める」べきであるこ

とも明らかになってきている。本当なのかと疑問に思われるかもしれないが、岡山大学で 2019 年度入学生から全学生に提供されはじめたマイクロステップ・スタディのマニュアルでは、英単語は「覚えようとせず見流す程度で」学習を進めるように指示されている。英単語や漢字といった単純な知識を実力レベルで習得しようとするならば、覚えようとすること自体が非効率な学習法といえる。大学生がマイクロステップ・スタディで、気楽に見流すような学習を始めると、やはり最初は、そんな学習で英単語が覚えられるはずないと感じているが、1、2 か月、フィードバックを受けて学習を継続すると、不思議と覚えてくることに「驚いた」と感想を寄せる学生が必ず出てくる。中学生でも「いつの間にか覚えている感覚。すぐ終わるからストレスも感じない」というコメントが出てくる。

　正直、マイクロステップ・スタディで、覚えようとせずサクサクと学習を進めるようにと、教示を入れる時には、筆者ら研究者と教師の間でかなり議論をした。後述する潜在記憶に関する実験室研究では、覚えなくても成績は向上することが予測されていたが、実際の学習場面でその操作を入れて本当に成績が上がる保証はなかったため、とても悩んだことを思い出す。現在は、悩むことなく「気楽にサクサク勉強するように」と自信をもって指示している。

　もちろん、一夜漬けの勉強でテストに臨む場合は、覚えようとしなければよい成績は取れない。あくまで、上記の学習法は、一夜漬けの勉強ではなく、実力を上げるうえで効果を持つ点に注意してほしい。学術的には、覚えようとしなくても覚えてしまうのは、潜在記憶の特徴であり、一夜漬けの学習効果の基盤にある顕在記憶では、覚えようとしなければ成績は上がらない。

　なお、2 秒足らずで単語カード的な学習をしていっても、成績はきっちりと上昇していく結果が得られている（西山ら，2018）。どの程度短い時間で学習が成立していくのか、それが全ての学習内容に当てはまるのかなど、非常におもしろい研究が今後出てくると考えられる。

　もう一つ、特に注意を促さなければいけない学習法がある。現在教育現場では「記憶はすぐ消えるから、消えないように何度も繰り返し勉強し、覚えたら次の問題に進むように」という指示がいたるところでなされている。これも、一夜漬けの学習には効果があるかもしれないが、入試や資格試験で求められる実力を高める上では、典型的に非効率な学習を子どもたちに課すと考えられるため、推奨すべきではない。詳細は第1部第3章を参照いただきたい。

短期間で勉強の積み重ねを実感するのに英単語学習は最適！？

　筆者は大学の講義で「子どもはなぜ勉強すべきなのか？」を学生に考えさせることがある。「社会に出て困らないようにするため」といった答えが返ってくるが、本当に困るのかと問い詰めると、結局明確な答えは出てこない。何となく勉強は大切といわれており、入学試験や資格試験に合格するためにも勉強は必要であるが、試験のためだけに勉強しなければならないというのでは、あまりにも味気ない。

　勉強すべき理由を考える上で、高精度教育ビッグデータを活用したマイクロステップ・スタディをいち早く導入した、ある公立高校の校長先生の話は大きな手がかりになる。その高校は、生徒の多くが大学へ進学せず就職しているため、当初、なぜ大学入試で必要とされるレベルの英単語のeラーニングを導入されるのか、筆者も不思議に思った。それを直接尋ねたところ、その校長先生は次のように話された。「英語を使えるようにすることだけが目的ではない。この生徒たちは中学校までに、やってもできないという経験を山のように積んできている。その子らに、何事もやればできるようになる体験を持たせたい。なぜかといえば、いずれこの子たちは地元に戻り、親になる。その時、自分の子どもに対して、勉強すれば必ずできるようになることを、自分の経験に基づいて話せるようになってほしい。」という内容であった。

　この高校にマイクロステップ・スタディが導入された一番の理由は、この e ラーニングが、勉強すれば成績が上がることを、一人ひとりにデータを示しフィードバックできることにあった。一般に、語彙習得などの学習成果は時間をかけないと現れてこないと思われているが、実のところ、学習の効果は自覚できないレベルで着実に積み上がっていることが、図0のような、マイクロステップ・スタディのフィードバック結果から誰にも分るようになった。それも、ほぼ全ての学習者が、比較的短期間で「勉強すれば自分自身が変わっていけること」を理解し、見通しを持って勉強を続けられる状況が提供できるようになった。

　これまでの研究結果を見る限り、英単語のような勉強ほど、学習効果の積み重ねを短期間で描き出せる活動はないのではないかと思う。子どもたちが勉強すべき理由の答えは、「勉強が、やればできるようになることを最も実感できる活動だから」である。中学生になると、勉強嫌いでも部活動は一生懸命やる生徒が出てくる。運動は、練習の成果が比較的見えやすいため、ある程度までは継続することができる。それと同じで、成績の上昇がフィードバックされれば、子どもたちが勉強を継続するようになることは当然といえる。

　「英単語学習ほど、短期間で勉強の積み重ねを実感できる勉強はない」というと意外に思われるが、その意外な結果が出てきたことは、新技術がもたらした大きなメリットである。

どの子も漢字や英単語は完全習得できる！

　高精度教育ビッグデータの活用において、さらに重要なメリットは、英単語や漢字などの習得においては、ほぼ全ての学習者の成績が上昇することが明確に示される点である。小学校高学年になると、各クラスにひとりふたり、漢字が読めず、あきらめ始める子どもが出てくる（これもデータを見ればすぐにわかる）。そういった子どもを普段から見ている教師や保護者は、その子の

能力的な問題で成績が上がらないのではないかと考えるかもしれない。しかし、それは完全に間違っている。マイクロステップ・スタディでは、小学校高学年の子どもたちであれば、2、3週間も学習すれば必ず成績の上昇が見え始める。それを教師や保護者が捉えて誉めることで、子どもたちは主体的に学習を継続し、漢字を読めるようになる。つまり、英単語や漢字といった知識習得に関しては、どの子も完全習得できることは間違いない。それからすると逆に、あきらめてしまっている子どもは、他の子に比べて、早々に自分自身の能力に見切りをつけてしまう何らかの環境要因を持っている可能性も考慮すべき視点になってくる。

　ところで、「どの子も成績は上がる」と書くことは、私たち科学者にとってはかなり勇気のいることである。筆者がそう言えるようになったのは、20年近く、解析システムから出力される何万件という子どもたちの成績のグラフを見続けてきたことによる。加えて、この数年、体系的に学習データと意欲のデータを収集し、フィードバックと学習意欲の関係を検討してきた結果、小学生、高校生、そして大学生において、フィードバックに対応して主体的に学ぼうという意欲（心理尺度）の得点が、ほぼ確実に、有意に向上する結果が得られるようになったからである。その結果の一部は、第1部第3章で紹介している。

　さらにもう一つ、どの子も英単語や漢字を完全習得できると考えられる理論的根拠がある。すなわち、実力レベルの知識習得の基盤となる潜在記憶は、言語能力全般の基盤にもなっている（Schacter & Tulving, 1994）。小学校に上がる前までにほとんどの子どもが日本語を身に付けている事実からすると、潜在記憶レベルで知識を習得する能力には、それほど大きな個人差はない可能性が高い。どの子も小学校に上がる前の数年間で日本語をマスターする。子どもたちがそのような潜在記憶能力を持っている事実から考えると、漢字や英単語を習得できないとは考えにくいのである。ちなみに、幼少期は記憶力が高いから、小学生になると覚えられなくなると考える人もいるかもしれ

ないが、実のところ潜在記憶は加齢の影響を受けないこともよく知られた事実である（石原, 2000）。これらの事実から考えれば、どの子も成績が上がるという事実は、当然といえば当然のことになる。

全ての子どもに基礎学力の向上を「保証」できる時代の到来

　英単語や漢字の成績が、ほぼ全ての学習者について明確に上昇する事実が持つ、おそらく最も大きな教育的意義は、自らの成績が上昇する結果を手にすることで、特に学習意欲を失っていた児童・生徒の学習意欲が劇的に向上することである。マイクロステップ・スタディでは、児童・生徒の基礎学力と学習意欲を確実に向上させられることを「保証」できるようになっている。

　個人レベルで基礎学力と意欲向上を「保証」できるようになった事実は、学術的にも、これまでとは全く違う時代の到来を意味している。教育分野で収集されるデータは、家庭やパーソナリティ、担任の先生、交友関係等の様々な要因の影響が複雑に絡まった結果手に入るものである。それぞれの要因の影響も個人差が大きいため、教育分野で、学力や意欲の向上を「保証する」ことなど、これまでできなかった。筆者も当初はそんなことができるなど思ってもみないことであった。

　「保証」できるようになった背景には、ICT の普及はもとより、新たな技術により、縦断データに必然的に含まれてくる「いつ」という時間次元の要因の影響を制御・排除することができたことが大きい。本書の第2部で紹介する、タイミングやインターバルといった時間次元の要因影響は想像を超えるほど大きく、それが日々の学習効果や教育効果の影響をあいまいにしてきたことは間違いない。その影響が制御もしくは排除されることで、これまで見えなかった学習者の実力の向上や意欲の向上がきれいに描き出されるようになったといえる。さらに成績の上昇がフィードバックされることで、結果的に学習者の学習意欲が上昇するわけである。それを可能にしたマイクロステップ・スケジューリング法については第2部で紹介する。

教育の費用対効果を科学的に検討できる時代の到来

　高精度教育ビッグデータは、テストや教育評価の領域から、教育を科学へ確実に変えていくと考えられる。

　現時点において、教育が科学になっていない例は、学校現場でよく見られる。例えば、高校の中には大量の宿題を生徒に課し、勉強量を増やして成績を上げようとしているところがある。生徒ごとに習得レベルや未習得の問題は異なり、一律宿題を増やすことは、習得が進んでいる生徒には「無駄」を、習得が追いついていない生徒には「無理」を強いることになる。これまでは、生徒がどの程度の習得レベルにあるのか、さらに生徒ごとに、どの問題が未習得であるのかを知る術がなかったから仕方がないことであるが、その状況は早急に変える必要がある。

　同様に 2010 年代に入り、主に私立高校でタブレットなど情報端末が導入されるようになり、端末で利用する学習アプリを教師が選定する場面がよく見受けられる。しかし、そのアプリの導入が生徒の学力や意欲を実質的にどの程度向上させられるのかを、厳密なデータに基づいて科学的に検討することはこれまで一切なされていない。そう言い切れるのは、効果の有無を判断できるだけの質の高いデータを収集する方法がなかったからである。その状況が高精度教育ビッグデータの登場によって根本から変わることになる。

　一つのアプリを採用すれば相応の費用が保護者の負担となるが、教育の分野では費用対効果の議論は敬遠される傾向がある。創造力や探究力など、数値化が難しい学力は別として、英単語や漢字、歴史年表など、評価が容易な、暗記系の知識習得で費用対効果の議論が起きてこないのも、教育が科学になっていない典型的な例である。高精度教育ビッグデータを生み出すマイクロステップ・スケジューリング法という技術革新により、少なくとも、暗記的な要素が強い知識習得に関しては、どのくらい学習をすればどのくらいの成績向上が期待できるのかを予測できるようになることは間違いない。英単語や漢字等の語彙習得であれば、現状でも、一定期間マイクロステップ・スタ

ディを継続すれば、勉強し始めた英単語等を何日程度で完全習得できるのかを個人ごとに予測できるようになっている。

　実際に、マイクロステップ・スケジューリング技術を NINTENDO DS 用に実装した学習ソフト「THE マイクロステップ技術で覚える英単語（寺澤・太田, 2007）」をゲーム会社と共同開発し、それを東京の麻布高校の1年生に提供し、英単語学習を2、3か月継続してもらう検証実験を実施した。そこでは、実験終了後に一人ひとりの生徒に、習得までに必要な日数を予測するフィードバックを実現した。当然、麻布高校の生徒が特定の英単語を完全習得するのに必要な、平均学習日数（成績の上昇率）のデータも手に入り、そのレポートを教員にフィードバックした。

　国の GIGA スクール構想により、2020 年度には全国の小中学校に一人一台端末が配備されることになったが、その端末で何を使うのかが教育現場では議論されている。「情報端末があるから何かに使おう」という発想は、子どもたちに無駄を強いることになりかねない。一方、マイクロステップ・スタディでは、後述する個別最適化の機能により、知識習得に関しては、実質的に効果のある学習と、無駄な学習を明確に分けられるようになった。

　とにかく子どもたちに勉強をさせればよいという発想は、子どもたちに無駄を強いることにつながりかねない。教育心理学の学習意欲（動機づけ）の研究からすると、学習を強要され続けた生徒は、高校を卒業すると自分から勉強しなくなることも予測できる（アンダーマイニング効果と呼ばれる）。そして、英単語に限定しても、大学入試で必要とされる英単語を完全習得している高校生はごくわずかであるのが現実である。

　この問題は、高校の先生方の問題ではない。そもそも何千もの英単語の一つひとつについて、実力レベルの到達度を生徒ごとに正確に把握し、その生徒にあった学習を提供することは、人間にできることではなかった。しかし、コンピュータにアウトソーシングすれば確実に実現できるようになったわけである。既に、教師や保護者の手助けもない状況で、子どもたちが自分の知

識習得のレベルをグラフで把握し、完全習得に向けて学習を続けられるようになっている。そこに教師と保護者の支援が加われば、全ての子どもが一人で知識習得を効率的にクリアできるようになると考えられる。

　先生方が、貴重な時間を使い、児童・生徒の知識習得に躍起になる時代は終わらさなければいけない。また、目に留まった教材やアプリを教員が主観で選び、とにかく導入するだけでよかった時代は終わりを告げ、導入するアプリやサービスの選定に大きな責任がかかってくる時代が始まるといえる。

知識習得の個別最適化の実現

　マイクロステップ・スタディでは、英単語や漢字といった暗記系の内容については、学習者ごとに、どの内容を、実力レベルでどの程度習得しているのかを正確に推定し、そのレベルに応じて最適な学習を提供できる段階に入っている（個別最適化処理と呼ぶ）。学術的な立場から言えば、現在、民間の企業が提供しているどのような方法を使っても、知識の習得レベルを、問題ごとに、実力レベルで正確に測定することは原理的に不可能である。ちまたでは、「AI（人工知能）が最適な学習を提供します」などといった営業文句が使われているが、現在のAI技術を駆使しても、それを実現することは原理的にできない。その理由は、従来の方法では、前述した時間次元の要因を考慮して成績を測定することができなかったからである。それを克服したのがマイクロステップ・スケジューリング法である。

　教育分野で、非常に危うい営業がなされている全ての原因は、そもそも学習効果の厳密な測定ができなかったことにある。さらに言えば、学習ソフトやアプリの開発に、学習効果を科学的に評価できる学術研究者が十分関与していなかったことも原因といえる。薬の開発において、厳格な臨床試験が行われている医療分野と比較すれば、その差は明らかである。

　教育分野で科学的方法論が普及しなかった原因は、評価するためのデータが非常に限られていたからである。高精度教育ビッグデータの登場で、多く

の人が、個々の英単語を完全に覚えられているのか分からず、不安を抱え、見通しも持てずに英語の勉強している状況は大きく変わっていくはずである。

厳格な記憶研究に基づく知見

　ここまで「えっ」と思うような事実をいくつか紹介してきた。覚えようとしないほうが良い、一日に同じ英単語の学習はあまり反復しないほうが良いなど、「えっ」という感覚は筆者らも 20 年来ずっと感じていたことである。自分たちが子どものころから続けてきた、一般に普及している学習法を、否定するようなデータが次から次へと出てくるため、その検証には長い時間がかかった。

　しかし一方で、紹介した事実は、どれも記憶研究のうち潜在記憶に関する知見とは完全に一致する。いわゆる知識は長期記憶に対応するが、長期記憶は顕在記憶と潜在記憶の 2 種類に分類される。わかりやすく言えば、顕在記憶は一夜漬けの勉強で役立つ記憶で、実力テストや資格試験で使える記憶が潜在記憶に該当する。この 2 つの記憶が実は全く違う特徴を持っていることがポイントである（例えば、寺澤・吉田［2006, 2012］参照）。現在広く普及しているほとんどの学習法は、一夜漬けの記憶に効果的な学習法であり、実力レベルの成績に効果を持つ学習法が、本書で紹介する学習法になる。一夜漬けの勉強に役立つ学習法が、実力テストに役立たないのは、基礎研究から考えると当然のことではあった。

　筆者らが、驚きつつも、効率的に新たな事実を見出すことに成功してきた理由は、潜在記憶（実力）に関する独自の理論があり、多くの基礎研究を行っていたからである。上述した、意外な事実は全て、一般的な感覚からすると信じられないものであるが、潜在記憶の研究知見とは完全に一致するものである。

　潜在記憶（実力）は自覚できない記憶であり、その積み重ねを目に見えるようにするために考案されたのが、マイクロステップ・スケジューリング法

という高精度教育ビッグデータを収集するための方法である。従って、一夜漬けの学習効果（顕在記憶）に依拠する従来の学習法を否定する知見が出てくることは自然といえば自然なことである。潜在記憶と語彙習得やマイクロステップ・スタディの関係を理解していただくならば、寺澤（2016）を参照していただくとよい。

高精度教育ビッグデータで変わる教師の役割

　本書は、語彙習得に苦労している読者はもちろんであるが、目の前の、意欲を失っている児童・生徒を救い上げたいと、心から思っている先生方に手に取っていただきたかった。前述したように、マイクロステップ・スタディで提供されるフィードバックにより、「やれば必ずできるようになる」ことをほぼ全ての子どもが実感できるようになった。子どもが自分の学習データを見て、勉強した分だけ成績が確実に上がり、完全習得できることを理解すれば、意欲が上がるのは当然のことである。

　また、上述したように、非効率な学習法が分かってきたということは、逆に言えば、効率的な学習法が科学的に推定できるようになることを意味している。それは学力の高い学習者にとって魅力的な学習法となる。上述した、岡山大学で提供しているマイクロステップ・スタディでは、語彙力が高い学生から「より高い難易度の英単語の学習ができるようにしてほしい」と要望が届く。英語の授業や成績に関係なく、自分からeラーニングを続ける学生も多数出てきている。

　その中、マイクロステップ・スタディと同様のドリルを自分で作って、子どもたちに提供したいという声が教師から届くが、それは先生方がやるべきことではない。上述したとおり、マイクロステップ・スケジューリング法は、そもそも人間の手作業で実現できるものではなく、その処理はコンピュータをフル回転させてようやく実現できるものである。

　逆に、先生方には、一人でもできる知識習得のサポートやテストは、全て

コンピュータと高精度教育ビッグデータにアウトソーシングし、それにより生み出される時間を、感覚や感情を伴う体験や創造的な思考力の育成、主体的な行動を生み出す活動に振り向けていただくことを切に願っている。それは、創造的な思考には、言葉のレベルではなく、感覚や感情を伴う具体的な体験エピソードが必須と考えられるからである。

暗記学習よりも体験的学習が大切

　創造的な思考のメカニズムに関しては、別途理論の詳細を紹介する機会を持てると思うが、ここで若干説明を加えようと思う。なぜなら、本書を読まれると暗記学習を推奨するように受け止められかねないからである。筆者は何よりも、これからの社会にとっては、創造的な思考力が大切だと考えており、それを育成するためには感覚を伴う体験的な学習がなによりも必須であると理論的に考えているからである。

　創造的な思考は、辞書に載っていない新しい概念を生み出す思考である。それからすれば、創造されるアイデアは、言葉の組み合わせで出てくるものではない。言葉とは違う情報が脳内に存在していなければ、創造のプロセスは説明できない。それに対して、教育分野で取り上げられることの多い、従来の知識の理論（例えば、Anderson［1983］の意味ネットワーク理論）は、言葉を最小単位と考えている。それをベースにする限り創造的な思考のメカニズムを理論化することができない。現に、アイデアが生まれてくるプロセスは、発見的思考、直感的思考などと呼ばれてはいるが、その詳細なメカニズムは十分理論化されているとは言えない。

　それに対して、言葉ではない感覚的な情報を私たちが知識として保持し、利用していることが筆者らの潜在記憶の研究からはっきりとしてきた。すなわち、到底覚えられないと思われる感覚情報を、私たちは記憶としてずっと保持し続けていることが実験的に証明され始めている。具体的には、意味のない、到底覚えられないような視覚図形や音列を、見聞きする経験を持つこ

とで、そこで出会った視覚情報や聴覚情報を人間が少なくとも 3 週間から 3、4 か月単位で記憶として保持している事実が、主要な雑誌で報告され始めた（例えば、益岡・西山・寺澤, 2018；西山・寺澤, 2013；上田・寺澤, 2008, 2010；寺澤[2016] 参照）。講義等では、鳥肌もののデモンストレーションもできるようになっている。

　体験を大切にされる学校の先生は多いが、本を読んで身に付く知識と、体験で獲得する知識の最大の違いは、多様な感覚情報を伴うか否かである。そもそも体験が重要であると主張するためには、体験で手にする様々な感覚情報を、人間が出会った瞬間に脳に固定し、長期に保持していると考えなければならない。稲刈りをする時の、ザクザク感が、すぐに消えてなくなってしまうようなら、体験の効果は期待できないわけである。人は体験的に獲得する感覚情報を、想像を超えて脳内に保持していることを示す上記の新しい研究成果も、大きなインパクトを持ってくると考えている。

　蛇足であるが、筆者の研究基盤にある認識の理論からいえば、受験で求められる知識習得と、社会で重視される創造的な思考は、類似したメカニズムの正反対の処理と考えられる。漢字や英単語など、知識習得の能力は誰もが十分持っているもので、ある意味他愛のない能力であり、その能力を繰り返し訓練することは望ましいことではないと考えられる。そこに大切な時間を割くべきではなく、可能な限り短期間でマスターさせるべきである。

　人間の記憶能力は想像を超えるものであり、それを備えた人間から出される、1, 0 的な反応データには、過去に獲得した膨大で多様な経験の影響が色濃く反映されている。表面的に出力される反応データだけ見ていては、ビッグデータを生み出す人間の認識の特徴は決して見えてこないといえる。

第2章　桁外れに詳細で多様なデータと ICT が社会を変えていく

データサイエンスには人間の科学的理解が必須

　ところで、ビッグデータという言葉にひかれて本書を手にされた読者も多いと思う。その方は、データサイエンスという分野にもなじみがあるのではないだろうか。データサイエンスは、近年特に注目されている分野であるが、本書で紹介する知見は、間違いなくその分野の知見といえる。データサイエンスという分野は、様々なセンサーや端末等を通じて収集される大量のデータを解析することで、これまで知られてこなかった新しい事実を明らかにし、様々なメリットを社会に提供していくことを目指している分野である。非常に魅力的に思える分野であるが、人間の行動に起因するデータ、例えば、ポイントカードで集まる購買行動データや株の売買データ、車の渋滞データ、そして学習データ等々を扱う場合には、その方法論上の限界を認識する必要がある。人間の行動から収集される 0-1 的なデータと格闘しているだけでは、真に社会に役に立つ知見にはなかなか出会えないことを理解してもらいたい。様々なモデルを提案することはできても、そのモデルの妥当性を証明する術がなければ、後世の研究者の布石にはなれない。データサイエンスが人間社会で真に存在意義を発揮するためには、人間の科学的理解が不可欠である。本書で、そこまで理解を促せるかどうかはわからないが、前述した人間の驚くべき記憶能力に関する事実を理解していただければ、データとして表面的に出力される数字を生み出している、人間の記憶能力と処理能力を無視できないことは明らかである。数字の背後に存在する、人間の信じがたい能力を

理解するところから、真のデータサイエンスは始まると筆者は考えている。

教育の変革のキーは自宅学習の高度化にある

　知識習得のための学習環境は、この 20 年で格段に進歩している。マイクロステップ・スタディにつながる最初の学習実験は、高校生にノートパソコンを配布し、半年以上にわたり自宅で英単語学習を継続してもらい、フロッピーディスクでデータを収集した 1996 年にさかのぼる。それからメールによるデータ収集、NINTENDO DS 専用ゲームでの実装、紙媒体のドリルや携帯電話での e ラーニングの実施など、様々な環境で研究を続けてきた。

　現在は、どのスマートフォンでも利用できる、WEB ベースの e ラーニングシステムを開発し、いつでもどこでも学習できるようになっている。さらに、最新の研究では、安価なスマートフォン端末を教育専用にカスタマイズし、校内では、学校で許可された様々なアプリが利用できるが、学校を離れるとマイクロステップ・スタディなど、ネットトラブルに遭わないアプリだけしか利用できない環境も提供し始めた。また、端末のカスタマイズによりネット利用に制限を加えることで、ネットトラブルに遭う可能性を最小にすると同時に、通信量も抑え、1 台 1 か月あたり 100 円を切る料金プランでどこででも e ラーニングができる環境を創り出した。2020 年度には、岡山大学教育学部附属中学校と長野県高森町立高森中学校、香川県善通寺市の全小学校で児童・生徒がスマホサイズの端末を手にして、自宅はもとより学校で端末を利用した学習が行われている。

　私たちは、マイクロステップ・スタディの実施はもとより、GIGA スクール構想で購入される端末の後継機として、また、デジタル教科書と紙媒体の教科書をつなぐ端末として活用の可能性などを研究している。将来的には、文房具と同じような価格帯で各家庭が端末を購入し、学校と自宅の境界なく ICT を活用できる状況が理想的な環境と考えている。

　なお筆者らが新しい端末開発まで手を伸ばしている理由は、自宅学習を高

度化することが教育の諸問題を解決していく上で、最も重要なアプローチと考えられるためである。マイクロステップ・スタディにより、どの子も漢字などの知識は完全習得できることは間違いないが、学校の朝学習の時間や、休み時間だけでは、どんなに効率的な学習を提供できたとしても、完全習得は実質的に不可能であることがデータからはっきりとしている。自宅学習を高度化せず、学校にいる時間だけで子どもの知識習得を達成させようとすることは、漢字を読めずに社会に出ていく子どもを放置することと同義といえる。

　そのような事実をつまびらかにするデータが手に入らなかった時代なら、教師が学校教育にのみ力を注いでいても仕方がなかったといえる。しかし、その事実が明らかになった今、知識習得を学校教育だけで完了させることは許されない。幸い、高精度教育ビッグデータにより、漢字等の習得レベルはコンピュータが正確に管理し、子ども一人でも知識を完全習得できる状況が生み出されている。さらにまた、学校から帰った後や休日に、それぞれの子どもが自宅でどの学習内容を、どれだけの量学習しているのかも容易に教師が把握できるシステムも動き始めている。つまり、単純な暗記学習はアウトソーシングし、教師は子どもの学習状況を把握し、頑張っている子どもを褒め、ペースが遅い子どもを叱咤激励する、情意面での支援が教師に求められるようになろう。

エビデンスベースの教育の実現は容易ではない

　本書はまた、社会科学分野の研究者に対して、学術研究のパラダイムが大きく変わることを周知することを目的としている。すなわち、これまで想像できなかったほど大量で、質の高い縦断データが、まさに湯水のように収集され、既に学術利用され始めている。縦断データというのは、例えば、ある人の学習を年単位で追跡して、テスト結果等が連続して記録されたデータである。一人ひとりの反応データを何か月にわたり収集することは、コストが

かかるため、これまで学術研究では扱われることがほとんどなかった。一方で、縦断データは、原因と結果の情報を含んでいるため、因果関係を厳密に検討する上では必要不可欠なデータになる。現在広く収集されているアンケートデータは、横断（的）データと呼ばれるが、ある時点の状態を把握することはできるが、原因と結果に対応する、時間的に異なる時点の情報を含まない。そのため横断データでは因果関係を吟味することは原理的に難しい。

　また、因果関係を吟味する研究法に実験法があるが、実験法は、ある操作（例えば学習）の効果を一定の期間をあけてテストするため、学習条件等の効果を因果的に吟味することはできるが、学習できる内容は少数に限られ、学習とテストのインターバルも何種類も吟味することはできない。日常的な学習は、同じ内容を繰り返し、連続して学習やテストを繰り返す特徴を持ち、その連続した一連の学習の効果を実験法で評価することも難しい。実験法では、単発的な実験で学習法の効果を吟味するほかなかった。

　このような意味から、縦断データは社会科学で“宝の山”とされてきた。

　ところで、教育的な指導や施策の効果を検証するためには、縦断的にそれらの効果を検討することが必要である。しかも、教育的な施策は比較的長い期間をかけて実施される特徴を持つため、長い期間を通じてその影響を評価できる複数の指標で、定点観測できる仕組みが必要である。しかし、学校現場の忙しい日常の中で、複数の指標を使い、何度もアンケートを行うことは難しい。エビデンスベースの教育の重要性は十分理解できても、そのエビデンスを収集する方法論自体に、困難な問題があったわけである。十分なデータなく教育施策や教育的指導の効果を検証することなどできることではない。新たなデータ収集法が開発されない限り、エビデンスベースの教育は掛け声だけで終わりかねない。

教師は関与せずに子どもの意識データの回収が可能に

　この状況は、ICT の進歩と普及により劇的に変わりつつある。既に民間

企業では、数十万人規模で子どもの学習成績などのデータ（学習ログと呼ばれることもある）が収集されている。巷では、ポイントカードを使って買い物をすると、いつ、どこで、誰が、何を買ったのかという購買行動の縦断データが一元的に収集されている。いわゆるビッグデータは比較的容易に収集できる状況になって久しい。

　エビデンスベースの教育を実現するための課題は、意識調査をいかに日常の生活の中で実施するのかにある。学校では、タブレットなどを使い、毎日登校時に、その日の体調や、睡眠時間、勉強時間などを子どもたちに入力させる取り組みもある。しかし、入力するためにわざわざタブレットを開き、アプリなどを起動し、入力し終わったらまたそれを仕舞うこと自体時間を要し、それを教師が一斉にその時間をとることも難しい。特に、心理尺度のような多数の質問に回答する場合には、教師がその時間を確保することが必要になるが、ゆとりのない時間割の中で、教師がその時間を工面すること、さらにそれを頻繁に実施することは実質的に不可能といえる。

　本書で紹介するマイクロステップ・スタディでは、日々子どもたちが行うｅラーニングの最後に、意欲などの心理状態を把握する複数の心理尺度を計画的に散らばし（スケジューリングし）、一日に 4 問程度の質問項目に回答してもらっている。1 か月ほどで数十個の心理尺度項目に対する回答データが個別に、年間を通じて収集できるようになっている。

　教師はわざわざアンケートを取る時間を確保する必要はなく、子どもも各自のペースでアンケートに回答できるため、様々な意識状態を測定する心理尺度のデータが日常的に、年間を通じて大量に収集されている。

危機的状態にある子どもの検知が可能に

　マイクロステップ・スタディに心理尺度を付与し、日常的に子どもの意識状態を把握しようと考えたきっかけは、夜間大学院の修士課程に入学された保健師さんとの話がきっかけである。その話をかいつまむと、虐待を受けて

いる子が保育園に行くと、月曜日から週末にかけて、精神状態が徐々に改善してくるパターンがあるのではないか、その原因は、週末に受けた虐待の影響が徐々に改善していくためではないか、という話である。この話の真偽は不明であるが、ちょうどそのころ、学校でマイクロステップ・スタディを導入する小中学校では、朝学などの時間を使い、毎日全員が一斉にドリル学習する状況が生まれていた。そこで、マイクロステップ・スタディの最後にアンケートを入れれば、子どもたちの心理状態を定点観測し、危機的状態にある子どもを検知することができるのではないかと考えた。

　子どものいじめや自殺という問題は、検知することが何よりも重要であり、かつ、難しいことであることは以前から言われていた。その問題を解決できると考え、不登校生徒の学習支援に意識調査を統合するシステムを構築し、10か月にわたり、意識データを回収した。分析の結果、ある生徒が意識データ上ネガティブな評定をしたタイミングがあったため、この時期の様子を遡って関係者に照会したところ、当該生徒が支援者の訪問を希望していたことが判明した。その後、アンケートのタイミングなどもスケジューリングできるようシステムを改良し、心理尺度データを年間を通じて収集することを実現した。

　この仕組みを使い、中学生の抑うつ傾向を3か月にわたり測定した研究では、抑うつ傾向は個人差が大きいが、その値は時間経過に対してそれほど変化せず、安定している結果が得られた（矢地・寺澤, 2012）。またそのことから、抑うつ傾向の変動が大きい生徒を検出できることが明らかになった。変動が大きな生徒のデータをピックアップしてみると、3人の生徒の抑うつ傾向の得点が、あるタイミングで同じように変動していることが後日明らかになった。その3人が、何らかの共通した経験をしていたとも思える結果である。

　従来の調査では、ある時点での抑うつ傾向は把握できるが、それはパーソナリティ的な特徴の現れである可能性も高い。変動パターンには、様々な環境要因が作用してくるはずである。一方、意識状態を連続して測定できれば、

その心理指標に影響を与えるイベントの生起を予測することも十分可能になる。縦断データから、いじめなどで危機的状態に陥った子どもを検知できれば、その情報をスクールカウンセラーなどと共有することで、完全に水面下でその子にアクセスし、当事者と一緒に慎重に問題を解決していくことも可能になる。

　なお、フィードバックに対応して学習者の意欲が上昇するという事実も、意欲に関するアンケートを e ラーニングに入れることで、自動的に収集されたデータを分析した結果から見出されている。2020 年度には、10 人前後の研究者から心理尺度を提供していただき、それぞれの尺度に対する回答データを一元的に集約し、匿名処理を行い、研究者に提供し始めている。

　さらに言えば、抑うつ傾向などの心理データが全国の学校で毎日収集できる状況が生まれれば、不幸にもいじめや自殺などが起きた学校を事後的に特定し、それ以前の、当事者やクラス等の子どもの意識変動を特定することができる。AI などにより、その意識変動データから、特徴的な意識の変動パターンを分離できるフィルターを構築できる可能性がある。そのフィルターを全国の子どもの意識データに適用させることで、同様の危機的状況にある子どもや、クラス等を自動的に抽出することも将来的には実現される可能性は十分ある。

不登校生徒が支援者を自ら自宅に招き入れるようになる

　先述の不登校生徒に対する e ラーニング支援は、不登校の子どもの支援者側にも大きなメリットを提供した。不登校の子どもの支援では、一般に、支援者が外から手を差し伸べ、キャンプや様々なイベントに子どもを招き、社会との接点を設ける取り組みがなされている。しかし、そのような支援では、再度子どもが自宅にこもってしまうと、支援の糸が途切れてしまう。また、マイクロステップ・スタディのような学習支援は、子どもの意欲を向上させる点では意味があるが、不登校の子どもが社会との接点を持つためには無力

である。

　しかし、どの子どもも、フィードバックされるグラフを心から必要として
くれる。そこで、フィードバックのグラフを、直接子どもに送らずに、地域
の支援者に送り、支援者が不登校の子どもの自宅に届ける仕組みを前述の保
健師さんと考案した。

　フィードバックのグラフは確実に上昇し、学習に対応してグラフもどんど
ん増えていくため、子どもはそのグラフを持ってくる支援者を喜んで自宅に
招き入れる状況が生み出された。不登校児童・生徒の支援では、教師が自宅
を訪問することがあるが、それ自体を子どもが拒絶する事例もあるように聴
く。それに対してマイクロステップ・スタディのフィードバックデータは、
子どものやる気と自己効力感を高めるため、それを自宅に届け、褒めること
ができる支援者に対して、子どもは心を開いていくと考えられる。この支援
は1事例であるが、その後マイクロステップ・スタディを導入した学校では、
不登校支援で役立つという声をよく耳にする。3年をかけたこの不登校生徒
の支援については、岩本（2008）、岩本・寺澤（2019）、寺澤・岩本（2008）、
寺澤ら（2011）を参照いただきたい。

社会科学に歴史的パラダイムシフトが起きる

　上記のように心理尺度とeラーニングを融合するシステムも改良を続け、
2020年度には小学生から大学生、社会人に至る幅広い年代の、6千人を超え
る学習者から年単位で収集された、学習データと意識データが匿名化され、
研究利用され始めている。そのデータを共有できる仕組みも近いうちに動き
出す。いわゆる縦断データは大量に収集できるようになったわけである。こ
れは社会科学においては夢のようなことである。

　ここでさらに重要なポイントがある。それは本書のタイトルにある、「高
精度教育ビッグデータ」の、「高精度」の意味である。それは、筆者らが推
進するマイクロステップ・スタディと、既存の学習サービス・アプリとの決

定的な違いになる。冒頭の図 0 のようなグラフは、既存のサービスでは原理的に描き出せないものであり、マイクロステップ・スタディには、大きな技術的優位性がある。そう言える明確な理由がある。

　ビッグデータは比較的容易に収集できるようになったと言えるが、データは集めるだけでは意味はなく、そこから有意義な情報を見出し、そこから新たなサービスを生み出して初めて役に立つものである。巷では、ビッグデータという言葉が広がり、様々なサービスが変わると期待されているが、その期待は的外れになりつつある。

　すなわち、人間の行動に関するビッグデータは、実のところ人間の行動予測にはほとんど役立たないと言わざるを得ないのである。単純に集められた縦断データからは、人間の行動特性を抽出・予測することが難しい、本質的問題がある。ビッグデータといえるデータは、おそらく 20 年以上前から民間企業に大量に集まっている。しかし、そのデータから有益なサービスはなかなか出てこない。それは、データを解析するデータサイエンティストのスキルや解析法に問題があるからではない。ビッグデータの質に大きな問題があるのである。

　鉄は 1000 度に熱されても、時間の経過とともに一定のペースで冷えて、元と同じ特徴を取り戻す。しかし、人間は、一度火傷をしたら、しばらく同じような行動はとらない。さらに火傷をするような行動に気をつける期間は、火傷のひどさによっても違ってくる。つまり、人間は、過去のわずかな経験の違いによって、その後の行動と、その行動をとるタイミングが変わってくるという特徴を持つ。特に、この「いつ」という条件の違いにより人間の行動が大きく変わることが、人間の行動予測を困難にする。

　縦断データは、「いつ」という時間軸上の条件が新たに加わったデータである。そして「いつ」という条件は無数想定でき、その影響は実のところ極端に大きい。その影響を考慮せずに集められた縦断データは、区別できないたくさんのゴミを含むことになる。現在の縦断的ビッグデータの宝の山には、

弁別できないゴミが山のようについているようなものである。

　「いつ」に起因する影響が人の行動予測を困難にする例として、筆者はよく、ビールを買う行動の予測を例に出す。例えば、Ａさんが明日ビールを買う確率を予測する場合、既存の方法では、Ａさんの月あたりのビール購入量、年収、気温などの変数から確率を予測する。しかし、実際のところＡさんが今日ビールを１ケース買っていたら明日ビールを買う確率は間違いなく低くなる。一方、ビールを１か月前に買ってそれ以降買っていなければ、明日ビールを買う確率はかなり高くなる。教育で例を挙げれば、明日の模擬試験でＡさんがＸという問題を正答できる確率を推定する場合、今日一夜漬けで問題Ｘを勉強すれば確率は高くなるが、１か月前に勉強してそれ以降勉強していなければ低くなる。しかし、そのずっと前からその問題を何度も勉強していれば正答できる確率は高くなる。人間の判断は、類似したイベントを過去に「いつ」経験していたのかにより、大きく変わる特徴を持つ。

　ところで、人が「いつ」ビールを買うのかを制御することはできないが、子どもがどの内容をいつ勉強するのかは制御できる。つまり、教育の分野では、学習のスケジュールを詳細に規定することで、時間次元の条件（いつ勉強して、どのくらいインターバルをあけてテストをするのか）を事前に決めておくことで、その影響を揃えたり排除したりできるわけである。マイクロステップ・スケジューリング法は、無数の学習やテストといったイベントの生起スケジュールを事前に年単位に作り出し、それに対応させる形で反応データを回収する方法を提供する。

　本書の学術的な目的の一つは、この縦断データもしくは、ネットで収集されている履歴データに新たに付随してくる、「いつ」という条件の影響に注意を喚起することである。時間は目に見えないため、その条件といってもピンとこないかもしれないが、人間の行動データを扱う上で、その理解は必須である。そのため、本書の第２部第３章では紙面を取って、時間条件の影響とその影響を排除する方法を紹介している。少々難解かもしれないが、ぜひ

お読みいただきたい。

　一般的なビッグデータに対して、本書が「高精度」教育ビッグデータと呼んでいるのは、「いつ」に起因する影響を制御、排除することで手に入る、宝石のようなビッグデータという意味からである。つまり、高精度教育ビッグデータは、単純に収集されたデータではなく、全て時系列条件が揃ったデータ、つまり年間を通じて定点観測された縦断データである。冒頭の図0の一人ひとりの成績が上昇していくグラフは、特段難しい解析を加えたものでなく、単純な平均値だけで描き出されている。今後、多様な学習データや意識データに対して、様々な解析法を開発・駆使していけば、これまで見えなかった事実が、どんどん見えてくるはずである。

　このような縦断データを広く学術利用できる時代が始まったことを研究者には是非知っていただきたい。それにより、特に社会科学の研究は、飛躍的に予測力を高め、社会にメリットを提供することになると考えられる。ビッグデータを活用した全く新しい大規模縦断研究の幕開けになる。

ビッグデータサービスに学術が関与すべき理由

　現時点でも、WEB を閲覧すれば、誰がいつどのページを閲覧したのかという閲覧行動のデータが、またポイントカードを使って買い物をすれば、いつ誰が何を買ったのかという購買行動のデータが、何十万人単位で一元的に吸い上げられ、個人ごとに集約されている。一方、学術の領域では、未だに数百人単位の、単発的な調査データしか手にできていない。特に、教育分野においては、ビッグデータ研究は民間企業が中心となり、学術が蚊帳の外に置かれている状況にあるといっても過言ではない。この状況は今後さらに深刻な問題を引き起こすと考えられる。

　しかし、大量の行動データを収集している企業であっても、そのビッグデータから有意義な情報を抽出することは実のところ難しい。つまり、人間の行動に起因する原理的な問題があり、それを解決しなければ、行動ビッグデ

ータは単なるゴミの集まりになる。本書が紹介する高精度教育ビッグデータ
は、まさにその問題を解決し収集できるようになった、質の高いビッグデー
タを意味している。この点が学術にとってアドバンテージとなろう。

　筆者らが、教育分野で民間企業が手にできない高精度なデータを収集でき
るようになった理由は、我々が、人間が行っている処理に関心を寄せ、人を
科学的に理解する基礎心理学の知識とスキルを持っていたからに他ならない。
単にデータを集めれば何かが出てくるという楽観的な見通しは、人間の行動
予測には当てはまらない。なぜなら、人間は、現在の情報技術では扱いきれ
ない微細で膨大な情報を保持し、それらを瞬時に活用し、行動を起こしてい
るからである。表面的な数字として現れてくる反応データは、その個人の想
像もつかない過去の経験データから、一定の処理を経て作り出されるもので
ある。その背後にあるメカニズムを理解せず、収集される表面的なデータか
ら、行動法則を推定することはどう考えても難しい。人間の行動データの解
明には、人間の科学的理解が必須と言える。

第３章　高精度教育ビッグデータから導き出される効率的な知識習得の方法 [2]

誰もが知っているエビングハウスの忘却曲線

　第３章では一般の方向けに、潜在記憶の研究と高精度教育ビッグデータの解析から導き出される、効率的な学習法を具体的に紹介する。

　新たな学習法の根底にあるのは、「人は一度見たり聞いたりした感覚レベルの情報を、覚えようとせずとも長期に保持することができる」という記憶の新事実であり、筆者らはその結果を元にマイクロステップ・スタディというeラーニングの導入を進めている。そこで得られた知見を紹介するとともに、なぜこれまで教育の現場で大きな変革が起きなかったのか、これから教育にAI（artificial intelligence）が深く関わるようになった時、現場の教員や保護者にどのような視点や考え方が必要になってくるのかを紹介したい。

　エビングハウスの忘却曲線（図1-3-1）というものをご存知だろうか。心理学者のヘルマン・エビングハウスが自ら被験者となり「子音・母音・子音」から成り立つ無意味な英単語（kot, naf, guk, …etc）のリストを作成し、それを完璧に記憶した後、一定期間を空けてその内容を完璧になるまで再度記憶したとき、どの程度時間がかかり、１から覚えた時と比べて、どの程度時間を節約できたか（また、覚えるための反復回数を節約できたか）を「節約率」として記録したものである。

　その結果、１日後の節約率は約34%だったとされている。例えば、無意

2)　本章は、田邊彰洋、山際あゆみ、寺澤孝文の共同執筆によるものである。

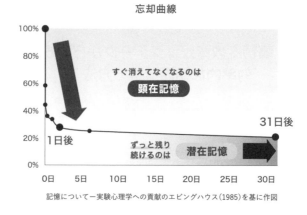

忘却曲線

記憶について─実験心理学への貢献のエビングハウス(1985)を基に作図

図1-3-1 エビングハウスの忘却曲線

味な英単語を覚える時間が仮に 100 分かかった場合、1 日後に改めて覚え直す際には、76 分程度時間がかかるということである。結果をみると、確かに初見の時と比べると時間が節約できているので、覚えてから 1 日後の脳内には 34% の記憶が何らかの形で残っている、一方で最初の学習から 1 日後には 66% の内容を忘れてしまう、という解釈がされている。

　エビングハウスの実験に対しては、無意味な英単語を使用していることや、被験者がエビングハウス一人であることから一般的な学習に当てはめることができないのではないか、という指摘もある。実際エビングハウス自身もこれはあくまで個人の結果であり、一般化できるかどうかはわからないとしている。しかし、実験的な手続きでは比較的厳密な手法をとっており、同様の結果が最近の研究（川﨑・寺澤, 2019）でも報告されているので、新たにわかった新事実との対比のため、広く一般に知られているエビングハウスの研究を引用している。

エビングハウスの忘却曲線に対する誤った解釈

　エビングハウスの忘却曲線は復習とセットで引用されることが多いが、多

くの方が復習（学習）に関して 3 つの間違った解釈をしている。それは次のようなものである。

・復習をしなければ記憶は 0% になってしまう（記憶は消えて無くなる）。
・復習（学習）は 100% 覚えるまで行う必要がある。または、復習（学習）は覚えようとしなければダメ。
・復習は忘れる前になるべく早く行う必要がある。

　これからその詳細に説明を加えていくが、このちょっとした解釈の違いが大きな差を生むことになる。間違っているという表現は良くないかもしれない。むしろ、これまでの研究に基づけばそう解釈するのが自然だったが、最新の研究によって全く異なる新しい解釈が出てきたということである。さらに、世の中に溢れる書籍や記事の中には教員や塾講師などの経験則に当てはめたイメージ図を使用している場合が多いのも事実であり、これらのことが多くの誤解を招いている原因となっている。

より効率的な学習方法がわかってきた

　長期間にわたる学習や復習の効果といった記憶の研究はその方法に原理的な難しさがあるため長い間、科学的に扱われることは多くなかった。しかしコンピュータがスマートフォンという形でより身近で高機能なものになったことや、我々の開発した高精度教育ビッグデータを収集できる e ラーニングシステムを用いることで、今までは測定できなかった人の持つ驚くべき記憶の能力を初めて可視化した結果、新しい事実がわかってきた。

本当に大切なのは暗記ではなく経験や体験を伴った学び

　よく勘違いされるが、我々は後述する「感覚的な情報が長期に残り続けている」という事実から、経験や体験を伴った学びこそが、本当に大切な学び

であり、本来であればそのような時間を教育の現場でたっぷりと持つことが重要だと考えている。しかし、ただでさえ多忙な教育の現場で、そのような時間を確保するためには、「暗記学習に関する古い解釈」や、「〇〇式記憶法」などといった科学的根拠に欠けた学習法や指導法の問題点や非効率性を示し、多くの学校現場で行われている知識獲得の指導法を科学的に変えていく必要があると考えている。また、以下に述べる、真面目な子ほど陥る記憶の落とし穴から子どもたちを救済し、勉強嫌いや学校嫌いになる子どもをなくしたいと考えている。

人は一度見たものを忘れていない。「思い出せないだけ」

　結論を先に述べると、人は一度目にした、聴いたという感覚情報レベルの記憶を、忘れずに、長期間脳内に保持していることがはっきりとわかってきている。

　それはエビングハウスの忘却曲線からも見て取れる。忘却曲線の1か月後の値に注目すると、一度覚えてから復習を1か月間行っていないにもかかわらず節約率は21％となっており、脳内には僅かながら最初に行った学習の効果が残っていることがわかる（図1-3-1）。ただし、潜在記憶のレベルで長期間保持していると言っても、思い出せる部分は僅かで、学習者本人はそれを自覚することができない場合がほとんどである。この僅かな学習の効果の積み重ね（マイクロステップと呼ぶ）を目に見える形で検出し、学習者にフィードバックすることで、後述するように学習者の意欲を確実に高められるようになると同時に、効率の良い学習方法が提案できるようになってきた。

　記憶がずっと残り続けているという事実に関しては、一般的な英単語の意味の勉強において、エビングハウスの実験と同様に、1か月以上期間を空けた場合でも、学習の効果が残り続けている結果が複数の実験で得られている（川﨑・寺澤, 2019）。その他、一度聞いたメロディの記憶が1～4か月経った後に影響を及ぼすということや、5か月前に何回学習したか、という僅かな

学習回数の効果が 5 か月後の成績に影響を及ぼすことも明らかになっている（詳細は寺澤［2001］などを参考にされたい）。最近では、人の顔の線画を何気なく見ただけでも、見た回数の影響が 2、3 か月後の記憶課題の成績に現れてくるという結果（西山・寺澤, 2013）や、意味のない図形をさらっと見流しただけでも、3 週間後に、見た図形と見ていない図形を人が（思い出せなくても）区別できる事実も報告されている（益岡・西山・寺澤, 2018）。

潜在記憶と顕在記憶

　このように長期にその効果が残っている記憶は「潜在記憶」と呼ばれており、母国語や常識のように頑張って思い出そうとしなくても浮かんでくる、忘れない知識も潜在記憶に含まれる。それに対して、覚えてもすぐに消えてしまい、頑張って思い出そうとしないと出てこない記憶は「顕在記憶」と言われている。顕在記憶は一夜漬けの学習で手に入る一時的な記憶で、その効果は期間を空けると消えてしまう。一方で潜在記憶は私たちが話している日本語や、すでに知識として覚えている記憶を指し、入学試験や資格試験のような実力を測るテストの成績は潜在記憶が基盤となっている。潜在記憶のレベルで覚えるまでには、何度も何度も繰り返し学習することが必要となるが、一度覚えた後は忘れることはほとんどない。

テストをいつやるかで成績は極端に変わる

　仮に明日テストがある場合の学習方法は、一夜漬けの学習で獲得できる顕在記憶レベルでの学習が効果的である。一方の潜在記憶は、実際に使える記憶・知識になるまでに何度も学習しなければならず、その効果を厳密に測定するためには、マイクロステップ・スケジューリング法という新しい測定法を使わなければ、そのわずかな学習効果の積み重ねを検出することはできない。

　ここで大きな問題が発生する。そのような性質の異なる記憶が存在してい

るにもかかわらず、今までその効果を測定するための「テスト」では、全くそのことが考慮されてこなかったのである。顕在記憶の影響（一夜漬けの勉強の効果）が残っているタイミングでテストがなされればその問題の成績は高くなるが、潜在記憶（実力）の影響しか残っていない問題であれば、成績はかなり低くなる。つまり、単純に試験範囲を決めて、そこからランダムに問題を作成し、テストを作成したところで、学習者の成績を正しく評価している保証はなかったということである。

　これについては、学校をはじめとする教育の現場だけでなく、学術の現場においても同じことが言える。過去に行われている効果的な学習方法や教育方法を検討した研究のほとんどは、その効果測定であるテストを、直後や、翌日、1週間後など短期間で行っている。そのため、顕在記憶レベルの学習効果を測定したものが多く含まれている可能性が高いと言える。このことは、まだ広く一般にはなっていないが、巷にあふれる「〇〇式記憶法」や「〇〇流暗記術」といった類のものは、その効果が顕在記憶レベルであることが多く、翌日のテストには有効でも、潜在記憶を使う入学試験や資格試験のような実力を測るテストの勉強には必ずしも役立つわけではない点には注意が必要である。

　このように、テストは学習の効果測定であり、「テストがいつあるのか」は学習にとって非常に大きな意味を持つ。学習者の視点に立つと、テストがいつあるのかを念頭に置き、計画的に学習を行わなければ良い点を取ることはできない。また、教育者（評価者）の視点に立つと、テストをいつ行うかによっては、学習者（被評価者）の実力を正しく判断することができず、学習者を本当に正しく評価しているのか、という点に大きな疑問を残すことにもなる。

　さらに、学習者が今後身に付けるべき学習内容はすぐ忘れて良い記憶ではなく、数年後の入学試験や社会に出てからも必要となる、常識や、英語力といった実力レベルの知識である。入試で良い点を取りたい、英語が話せるよ

うになりたい、と考える場合は、必要な知識を「潜在記憶」の実力レベルで習得することが好ましいと考えるのが自然である。では、潜在記憶レベルでの学習とはどのようなものを指すのだろうか？

潜在記憶に効果的な学習量は？

　前述した通り、一度記憶したもののうち、思い出せなくなってしまう顕在記憶の部分と、長期に残る潜在記憶の部分があるのであれば、単に覚えれば良い知識習得学習は潜在記憶に残る部分だけを行うのが最も効率の良い方法であると言える。この点について、寺澤・吉田・太田（2008）は次のような実験研究を行っている。

　高校生を対象に、表示された【英単語の意味】をどの程度覚えているかを【0: 全くだめ〜3: 良い】の4段階で自己評定してもらうという、現在のマイクロステップ・スタディの形式に近いeラーニングをしてもらい、1日の中で学習する回数が1〜8回となる条件の単語を用意した上で、その学習を1か月おきに半年以上継続する実験を実施した。次の図1-3-2は、その5か月目の成績を1日の中での学習回数（1〜8回）に対してプロットしたものである。

　＊当然ながら、条件の効果を正確に測定できるよう、学習条件やテスト条件、
　　インターバルなどは厳密に統制されている。

1日に6回以上の繰り返しは非効率！（英単語の場合）

　図1-3-2を見ると、1日の中の学習回数の効果は5回を境に積み上がらなくなっている。つまり、潜在記憶の実力レベルにおいて1日の学習（復習）で何回学習すれば良いか、という問いには明確な回答があり、英単語の場合は1日5回が限度ということである。復習はその場で100%覚えるまで何十回も書いたり、声に出したりすることが良いような気がするが、それは一夜漬けの学習には効果があっても、実際は、6回以上の効果は積み上がらない

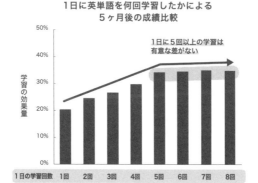

寺澤孝文・吉田哲也・太田信夫(2008) の元データより作図

［実験］1日に見る（学習する）回数を1〜8回ごとに指定し、1ヶ月のうちに1日だけ学習を行った単語について5ヶ月後の成績を表したグラフです。被験者：高校生

図1-3-2　1日に英単語を何回学習したかによる5か月後の成績比較

ことが明らかになっている。つまり、1日の中で同じ英単語を10回も20回も学習することは、実力レベルでは無駄な時間を費やしていることになる。逆に、1日の中で学習する英単語の種類は増やしても問題にならないと考えられる。ここに、効率的な知識習得学習のヒントがある。その他の実験室実験でも潜在記憶の成績は学習回数に対して単調には上昇しないことが数多く示されている。また、【難しい漢字の読み】を学習課題とした同様の実験では、さらに少なく、3回以上の学習は効果が積み上がらないという結果も出ている（寺澤・吉田・太田［2007］を参照のこと）。

「学習トレーニング」からの脱却と「多種の問題を見流す学習」へのシフト

　先述の通り、この実験で用いたeラーニングの実際の学習は「問題を解く」「時間をかけて覚える」「覚えるまで書く」というトレーニングのような学習ではなく、単語とその意味が画面に表示され、その単語をどの程度理解できているかを自己評定するだけの「見流す学習」である。その学習時間の

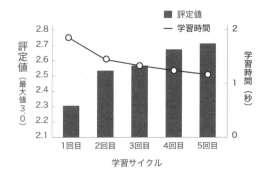

［研究］マイクロステップ・スタディの学習者の実際の学習時間と成績の平均値の変化を表したグラフです。学習時間は回数を重ねるごとに短くなっていますが、成績は確実に積み上がっています。

引用して作図：日本心理学会大会発表「2秒に満たない学習で語彙力は確実に伸びていく」西山めぐみ・益岡都萌・田中優貴・牛司策・寺澤孝文(2018)

図 1-3-3　学習時間と成績の関係

平均は1〜2秒の僅かな時間であるが、そのような短時間の学習でも学習の効果が残り続けることが過去の別の実験結果からもわかっている（西山ら，2018）。その見流す学習こそがマイクロステップ・スタディの一つの特長であり、「覚えようとしなくても覚えられる」「見流すだけでOK!」といううたい文句の根拠となっている（図1-3-3）。

タイミングが持つ大きな力

　先述の実験の結果から、英単語の学習はなるべくたくさん行う方が良いが、1日の学習回数が6回以上は効果が積み上がらないので、1日の学習回数は多くとも5回程度見流せば充分で、それ以上は非効率であることがわかった。一方で、同じ回数を学習するのであれば、学習をばらけさせ長い期間をかけた方が良い、という結果も示されている。

　図1-3-4は、7回の見流す学習を1日でまとめて行った場合と、7か月間に分散させた場合（1か月のうちのある1日に1回だけ学習することを7か月間行っ

●1日にまとめて7回学習

条件の違いは、まとめて1日で7回学習するのか、7ヶ月にわたり1日1回ずつ合計7回学習するかの違いです。この実験では学習と測定（テスト）の区別はなく、どのくらい記憶できているかの自己評定値（その時点の初回値）を測定結果としています。

●7ヶ月に分散させて7回学習

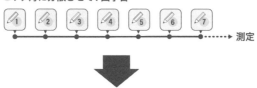

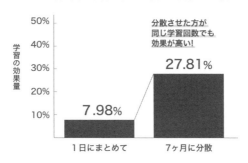

合計7回の学習を終えた後1か月後の成績

分散させた方が同じ学習回数でも効果が高い！

27.81%

7.98%

学習の効果量

1日にまとめて　　　7ヶ月に分散

図1-3-4　計7回の学習を1日で終わらせた場合と、7か月に分散させた場合、
学習の1か月後に測定された成績の比較

［実験の概要］1日に見る（学習する）回数を1～8回ごとに指定し、1か月のうちに1日だけ学習を行った単語について、1日の学習回数が7回条件の2か月目の値と、1日の学習回数が1回条件の8か月目の値を比較したものである。被験者は高校生で、学習効果は、いずれの条件も7回の学習の後、最後の学習から1か月の期間を空けた上で測定が行われた。

た）の学習効果の違いを示している。両者の違いは、学習のタイミングが集中しているか、分散しているかである。7回の学習はあわせても30秒に満たないわずかな時間であるにもかかわらず、その学習を数か月にわたり分散

させただけで、その効果量に 4 倍近い差を生む。一度にまとめてやるよりも、日々わずかな学習をコツコツと長期間継続することが大きな効果を持つということである。ただし、何百もある英単語や知識習得の問題一つひとつを、いつ、何度学習するのかを学習者ごとに把握・管理し、学習を促すことができなければ効率的な学習は提供できない。それを実現できるのは、現時点ではマイクロステップ・スタディのみである。

分散学習より先進的な視点

　このような事実は「分散学習」といったキーワードでようやく注目されるようになってきた。しかしながら、分散学習の分野においても学習と復習の期間をどのくらい空けるのか、何回復習を行うのかといった適切で効果的なタイミングはほとんど研究されておらず、学習する教科やコンテンツによっても適切なタイミングは変わってくることが知られている。また単純に学習のタイミングを分散させたところで、先述の通りその効果をいつ、どのタイミングで測定するのかによっても大きな違いがあることには注意が必要である。学習に伴って測定（テスト）も同じように分散させなければ本当に正しい成績を測定することはできない。筆者らはかねてよりこの事実に着目し、学習とテストのタイミングを制御したスケジュールの作成と、それに基づく正確な学習効果の測定を行い、より精度の高いビッグデータを手に入れている。

間隔と回数のスケジュールこそが肝！

　これまでみてきたように、学習（復習）に対しては、「いつ、どのくらいの量を、何回、どのくらい間隔を空けて、どれだけの期間行うか」というスケジュールが大変重要だということをわかっていただけたかと思う。また、入試や、社会で通用する実力を身に付けたいのであれば、潜在記憶の実力レベルで効果を発揮する学習を行う必要があるという点もわかっていただけたものと思う。筆者らのこれまでの研究の成果をまとめると次の通りである。

潜在記憶のレベルで記憶するならば：

・1回の学習（復習）でも記憶は残り続ける。しかし、簡単には取り出せない

・一気に100%覚えようとする学習は非効率

・見流す学習でも効果は積み重なる

・復習回数とタイミング（間隔）等のスケジュールが大きな効果をもつ

効率的な学習（復習）の方法

・1日に1つの事項につき1回ずつでも、見流す程度の学習（復習）を行う

・1日に同じ内容を6回以上繰り返しても非効率（英単語学習の場合）

・なるべく多くの種類の内容を学習する

・その場で覚えようとすることはテストが直近にない限り非効率

・長期間にわたってスケジュールを立て計画的、網羅的に学習し、総学習回数を増やすことが重要

真面目な子ほどムダな努力をしている！

　真面目な子ほど、「復習は忘れないうちにやらないと！」「覚えるまでやらないと！」と、たくさん英単語をノートに書いて覚えようとしたり、ソラで言えるまで何度も繰り返したり、多くの時間を費やしているのではないだろうか。字を書けるようになることが目的なら当然この限りではないが、その多くの学習は潜在記憶の実力レベルでみれば効果が積み上がらず、ムダを強いている可能性が高いと言える。学習の直近の小テストでは良い点が取れるのに、模擬試験や実力テストのような、学習から長期間を空けたテストでは成績が振るわないという経験や、そのような子どもに心当たりはないだろうか。人間は驚くような記憶能力を持っている。もっと肩の力を抜いて、サラサラと知識習得は進めていくべきと言える。

　もちろん短期間で集中的に行う学習方法は一夜漬けで獲得できる「顕在記

憶」のレベルでは高い効果がある。翌日に小テストがあるならば、なるべくたくさんの量を覚えようとして学習する方が良い点が取れるはずである。しかし、先述の通りで、学習者が目指すべき知識の獲得は「潜在記憶」の実力レベルで行われるべきである。

小テストの功罪

　言い換えれば、知識習得の場面において、先生が一番やってはいけないのは「小テスト」である。知識習得の際に小テストのような一夜漬けの効果を測るテストをこまめに実施してしまうと、確かに児童・生徒は一定量の学習に取り組むため、学習を全くやらないよりはマシと思われるかもしれない。

　しかし、真面目な子ほど一夜限りの一時的な記憶を獲得するためにムダな時間を費やし、その場では良い点が取れ、記憶できたかのように見えても、結局そのかなりの部分が身に付かずに終わってしまっていると考えられる。

　この部分に対して私たちは強い危機感を抱いている。極論を言えば「学校で知識習得を確認するテストをするべきではない」のである。一方、我々の開発しているマイクロステップ・スタディは全ての学習が抜き打ちテストのように構成されており、実力レベルで正確に問題ごとの成績を何度も測定できるようになっている。

　本当の意味で知識習得を測るテストは短期間で行う１度や２度の「点」による測定ではなく、日々の学習や、前回までの学習結果との比較、学習からどれくらいの期間が空いた結果なのかといった綿密な事前の学習計画に基づく「面」での測定が必要不可欠と言える。

暗記学習に「革命」が起きない理由

　そのような綿密な学習計画とは【膨大な量の記憶すべき事項を網羅し、「いつ」どのようなタイミングで学習を繰り返し、さらにテストは各学習からどのくらいのインターバルを空けて実施するのかを、個人ごとに、問題ご

とに制御し、顕在記憶の影響を小さくし、潜在記憶となった実力を正確に測定するスケジュールを作る】ことである。それに従ってデータを収集することで、実力として身に付いた問題を学習リストから外していく処理（個別最適化処理）がようやく実現されることになった。

　そのような綿密な学習計画と測定は人間ワザだけでは不可能であった。様々な学習法があっても一向に暗記学習に革命が起きないのは、その学習計画の管理が人にはできず、また、知識を習得するまでには数か月という長い時間がかかるからである。だが、綿密で長期間にわたる学習計画をコンピュータに任せ、それに基づく適切な指導があれば暗記学習に革命を起こすことが可能と言える。それを可能としたのが、マイクロステップ・スタディを支える高精度教育ビッグデータ収集のためのマイクロステップ・スケジューリング技術（特許取得済）である。そこで得られた様々な学習者の情報を本人や学校現場へフィードバックすることで、より良い学習環境を提供することが可能になり始めている。

先生の役割が変わる！

　従って、「知識習得を測定する」「知識を身に付けさせる」のは教師の仕事ではなくなる。児童・生徒が個別に学習し、そのサポートを外部の専門機関がコンピュータ（AI技術を含む）を駆使し、正確な情報に基づき行う、という流れが本来のあるべき姿だと考えられる。知識を習得させるためには学校で知識習得を確認するだけのテストを行うべきではなく、知識習得は教師の仕事から切り離すべきだと我々は強く主張する。

AI時代の教師や保護者の役割とは？

　AI時代の教師や保護者の仕事は、我々のような外部の専門機関から提供される子どもたちの正確な成績結果をもとに、知識定着度を把握し、子どもたち一人ひとりの状況（普段の様子や家庭環境等）に応じて適切なアドバイス

や指導を行うことになると考えられる。頑張っている様子を承認し、子どもの変化に応じた適切なタイミングで声をかける、といった仕事こそ必要となる。それは、人間にしかできない、経験がものをいう大切な役割である。教師の適切な指導やアドバイスがあれば、今まで多くの子どもたちが挫折し途中で諦めてしまっていた知識習得の学習を、意欲を失わず継続することも可能になるはずである。保護者も単純にテストの点数だけで子どもを評価するのではなく、より詳細なデータを元にもっと広い視野で子どもと向き合うことが可能になる。また、効率化された知識習得学習により余った時間を使い、経験や体験を通じた学習の時間を今まで以上に確保することも可能になるはずである。我々の本当のゴールは暗記学習を推進することではなく、学びの時間をそのような体験・経験的な学習に使えるように変革させることだと考えている。その一つのツールとして我々の研究成果が社会の役に立つことを願っている。

真の個別最適化学習の実現に向けて

　子どもたちが何を理解し、何を理解できていないのかを一人ひとりに対し正しく正確に把握し、その結果に基づき、適切な学習支援を提供するという、いわゆる「個別最適化」がこれからの時代はより重視されるようになる。しかしながら、英単語は1日あたり5回ずつ学習すれば覚えられるという研究結果があったとして、本当に全員がその基準をクリアしていけば英単語が身に付くのだろうか。決してそんなことはなく、そこには大きな個人差が存在する。その個人差を正しく測定できて初めて、個別に最適化した学習の提供が可能になるわけである。

AI を活用すれば子どもの実力を正しく把握できると安易に考えていませんか？

　世間では AI の活用を謳ったものや、問題に〇回正解すれば学習リストか

ら消える等のドリル学習が「学習内容について個別最適化された学習である」と認識されているが、筆者らはそれでは不十分だと考えている。なぜなら、先述した通り、分析に使用する「問題に正解した」という結果が実力レベルに因るものなのか、たまたま直前に復習したから正解したのか、正確に推定するには情報が不十分だからである。もちろんデータが集まれば、そのデータを元に AI が何らかの予測を行うことができるだろう。しかし、その正確さがどれほどのものなのか、評価する方法すら確立されていないことは是非知っておいていただきたい。

　一方で、我々が提供しているマイクロステップ・スタディは、見流すだけでも僅かながらに学習成績は上昇するという点に着目し、1 日あたりに見流す問題とその順番、タイミングを全て事前にスケジューリングすることにより、学習成績を高い精度で推定できる質の高いデータを収集することを実現している。筆者らはそのデータを「高精度教育ビッグデータ」と呼んでいる。この高精度教育ビッグデータを活用することで、個人の正確な「できる」「できない」結果を元にした、本当の意味で、真に個別最適化された学習を提供することが可能になっている。

引用文献（第 1 部）

石原　治　2000　高齢者の記憶　太田信夫・多鹿秀継（編著）「記憶研究の最前線」北大路書房　267-283.

岩本真弓　2008　不登校児童・生徒の主体的学習を支える環境づくり―子どもの求めが活性化させる地域の教育力―　平成 19 年度岡山大学教育学研究科修士論文

岩本真弓・寺澤孝文　2019　不登校児童生徒の主体的な学習環境づくり　静岡県立大学・経営情報学部研究紀要, 32, 11-20.

川﨑由花・寺澤孝文　2019　英単語の学習効果に与える学習インターフェースとインターバルの影響　行動科学, 57, 79-88.

益岡都萌・西山めぐみ・寺澤孝文　2018　視覚的記憶の長期持続性と変化検出過程への影響　心理学研究, 89, 409-415.

益岡都萌・長谷川達矢・西山めぐみ・寺澤孝文　2018　学習成果のフィードバックによる学習意欲の向上　日本教育心理学会第 60 回総会発表論文集, 383.

西山めぐみ・土師大和・寺澤孝文　2015　学習効果のフィードバックが学習意欲に及ぼす影響―マイクロステップ測定法を用いた学習支援―　日本教育心理学会第 57 回総会発表論文集, 463.

西山めぐみ・益岡都萌・田中優貴・牛　司策・寺澤孝文　2018　2 秒に満たない学習で語彙力は確実に伸びていく　日本心理学会第 82 回大会発表論文集, 940.

西山めぐみ・寺澤孝文・矢地晴彦・三宅貴久子・古本温久　2012　学習回数とタイミングが漢字の読みの習得に及ぼす影響　日本教育心理学会第 54 回総会発表論文集, 507.

西山めぐみ・寺澤孝文　2013　偶発学習事態における未知顔の潜在記憶　心理学研究, 83, 526-535.

Roediger III, H.L., & McDermott, B. 1993 Implicit memory in normal human subjects, In F. Boller & J. Grafman (Eds.), Handbook of Newropsychology, Vol.8, Amsterdam: Elsevier Science Publishers.

Schacter, D. L. & Tulving, E. 1994 What are the memory systems of 1994? In D. L. Schacter & E. Tulving (Eds.), Memory systems. Cambridge, MA: MIT Press, pp.1-38.

寺澤孝文　1998　学習効果のマイクロステップ計測の基礎―自覚できない学習段階の計測と学習内容の体系化にむけて―　筑波大学心理学研究, 20, 91-98.

寺澤孝文　2017　送り手側コンテンツ送信方法及び情報送信システム　特許第 6080764 号

寺澤孝文　2016　潜在記憶と学習の実践的研究　太田信夫・佐久間康之（監修）「英語教育学と認知心理学のクロスポイント―小学校から大学までの英語学習を考える―」北大路書房, 37-55

寺澤孝文　2015　教育ビッグデータの大きな可能性とアカデミズムに求められるもの―情報工学と社会科学のさらなる連携の重要性―　コンピュータ＆エデュケーション, 38, 28-38.

寺澤孝文　2012　学習と動機づけ　田山忠行・須藤昇（編著）「基礎心理学入門」培風館, 162-182.

寺澤孝文　2008　再生と再認（pp.56-69）、記憶と学習（pp.120-133）　太田信夫（編）「記憶の心理学」放送大学教育振興会

寺澤孝文　2003　入力情報の分析方法及び入力情報の分析装置　特許第 3415114 号

寺澤孝文・岩本真弓　2008　不登校児の学習意欲を高めるマイクロステップ学習支

援　第 6 回日本認知心理学会大会（優秀発表賞［社会的貢献度評価部門］受賞）

Terasawa, T. & Kawasaki, Y. 2014 Assessment of Improvement in Vocabulary Learning with Longitudinal Big Data: Application of the Scheduling Principle Controlling Temporal Dimension Factors to Education. Conference on Educational Media and Technology (Ed-Media 2014), 2131-2139.

Terasawa, T. 2005 Creation theory of cognition: Is memory retrieved or created? In N. Ohta, C. MacLeod, B. Uttl (Eds.),『Dynamic cognitive processes』, Springer-Verlag, 131-157.

寺澤孝文・太田信夫（監修）　2007　THE マイクロステップ技術で覚える英単語　D3Publisher（任天堂 DS 用英単語学習ソフト）

寺澤孝文・太田信夫・吉田哲也　2009　潜在記憶レベルの語彙習得プロセス―携帯ゲーム端末用英単語学習ソフトを用いた長期学習実験―　日本心理学会第 73 回大会発表論文集, 914.

寺澤孝文・高木伸也・寺前謙治・原　健二　2007　テストの測定精度を飛躍的に高める新しい測定技術―任天堂 DS 用英単語学習ソフトによる実証研究―　日本テスト学会第 5 回大会発表論文集, 122-125.

寺澤孝文・吉田哲也・三宅貴久子・岩本真弓・池田　央　2011　「学術研究と実践が融合した新たなインフラの構築」　日本テスト学会第 9 回大会企画シンポジウム 1　子どもを見守る動的テスト技術―子ども一人一人の学力と感情状態の連続測定―, 日本テスト学会第 9 回大会発表論文集抄録集, 26-39（2011 年 9 月 10 日）（ベネッセコーポレーション本社ビル大ホール）

寺澤孝文・吉田哲也・太田信夫　2013　縦断的ビッグデータによる行動予測の本質的問題の解決―時間次元の要因を統制するスケジューリング原理の教育活用―第 12 回情報科学技術フォーラム（FIT2013）講演論文集, 557-564.

寺澤孝文・吉田哲也・太田信夫　2008　英単語学習における自覚できない学習段階の検出―長期に連続する日常の場へ実験法を展開する　教育心理学研究, 56, 510-522.

寺澤孝文・吉田哲也　2006　自覚できない到達度を描き出す e-Learning　太田信夫（編著）「記憶の心理学と現代社会」　有斐閣, 187-205.

寺澤孝文・吉田哲也・矢地晴彦・三宅貴久子・古本温久・土師大和　2013　クラウド超えにスキャンデータを "送信" できる新たな通信原理とその教育利用　PC Conference（東京大学）, 311-314.

上田紋佳・寺澤孝文　2010　間接再認手続きによる言語的符号化困難な音列の潜在

記憶の検出　心理学研究, 81, 413-419.

上田紋佳・寺澤孝文　2008　聴覚刺激の偶発学習が長期インターバル後の再認実験
　　の成績に及ぼす影響　認知心理学研究, 6, 35-45.

矢地晴彦・寺澤孝文　2012　中学生の抑うつ傾向の縦断的変化：マイクロステップ
　　計測技術による心の体温計の実現　日本教育心理学会第 54 回総会発表論文集,
　　616.

矢地晴彦・寺澤孝文　2011　マイクロステップ計測技術の漢字書き取り学習への応
　　用：書字練習回数が学習効果に与える影響　日本教育心理学会第 53 回総会発
　　表論文集, 268.

第2部

高精度教育ビッグデータにより変わる
教育の学術基盤

第 1 章　高精度教育ビッグデータ研究の概観 [3]

1. 研究開始当初の背景

経験を科学する必要性

　例えば、子どもの自殺や不登校、学習意欲の向上などが、どのような出来事や意識変化が原因となって生起しているのか、また、どのような学習スケジュールが学習効率を最大にするのか等々、教育場面で起きている具体的な出来事の因果関係を、科学的データに基づき議論する研究は社会科学の領域にこれまでなかった。古くからなされている社会科学の研究の多くは、ある時点のアンケート結果等に基づく横断的研究と、心理実験や社会実験のように、短期間のある処遇の効果を一定のインターバルを空けて測定する、単発的な研究がほとんどである。

　それに対して人間は、周囲から多様な影響を受け、連続して変化しており、日々の生活も、人によって大きく異なる。加えて、人間の行動は「経験」により大きく規定されており、その経験はまさに、そのような長期にわたって生起する多様なイベントの連続体である。

　これまでの社会科学は、日常の多様性と連続性、そしてそれらを包含する「経験」を科学的に扱うための切り口とその方法を持ちえなかった。

---

3)　本章の内容は、平成 22 〜 26 年度科学研究費補助金基盤研究（A）（研究課題：縦断的大規模調査法を基礎とした因果推定研究の創出、課題番号：22240079、研究代表者：寺澤孝文）研究成果報告書に加筆修正を加えたものである。

　その中、ICT の進歩、そして個人所有の通信端末（スマートフォン、タブレット）の普及により、個人の行動データを一元的に収集・記録することが容易になってきた。各種ポイントカードの普及により、人がいつどこで何を購入したのかといった、個人にヒモつけ可能な購買行動のデータが、大規模に収集される状況も既に生まれている。いわゆる「ビッグデータ」が様々な分野で収集され始めている。教育領域においても、学習端末の進歩や e ラーニングの普及等により、テストのような「評価」データのみならず、反応時間などの「学習」データについても個別に集約することが容易になってきた。この状況は、横断的研究中心の社会科学の研究が、縦断的研究へシフトしていくことを予期させるものであり、社会科学が因果関係を吟味できる科学へ大きく変わるきっかけとなる。

縦断的研究法の本質的問題とその解決

　縦断的ビッグデータの構築は、企業が先行する形で進んでいる。ところが、実のところ、縦断データは収集できても、そこから意味のある情報を抽出することに大きな障害がある。すなわち、個人の生活や経験は個人ごとに大きく異なり、特に、「いつ」という時間次元に想定される条件は人によってばらばらである（例えば、ある英単語を学習するタイミング）。問題はそのイベントの生起タイミングの違いが、その後の行動に大きな影響を与えることにある。ある単語を半年間で学習するタイミングは無数想定でき、その数は優に人類の数を超える。さらにそれらのイベントからどれだけの期間を空けて評価（測定）がなされるのかというインターバル条件も決定的な効果を持つ。これら、タイミング条件やインターバル条件が異なる個人のデータを集約すると、それらの違いが大きな誤差となり、見い出したい微細な特徴が埋もれてしまう。我々はこの問題を時間次元の要因の問題と呼んでいるが、これは、社会科学の領域でも、一切指摘されることのなかった問題である。筆者はその原理的問題を、スケジューリングという新たな方法（マイクロステップ・ス

ケジューリング法と呼ぶ）で解決し、微細な行動特徴を可視化し、そこから一人ひとりの学習者の成績の上昇を、高い精度で予測することを実現した。すなわち、多数の学習コンテンツ（漢字や英単語）の一つひとつについて、学習やテストのイベントの生起スケジュールを年単位で緩やかに、また詳細に統制し、タイミングやインターバルの条件が揃った反応データを回収する方法論を確立した（寺澤・吉田・太田, 2008）。

微細な経験で獲得される記憶の長期持続性

　わずかな経験の影響がすぐさま忘却されるとすれば、上記時間次元の問題はさほど大きな問題とならない。ところが、我々の研究から、ごくわずかな経験の影響が信じられないほど長期に記憶として保持される事実が明確になってきた（寺澤, 1997；寺澤・太田, 1993；レビューとしては寺澤［2001］）。例えば単語カードを一度見て学習するような学習の回数の影響が数か月後に記憶課題の成績にあらわれることが明確にされてきた。さらに、長期に保持される情報が、感覚的情報であることも示され始めている（益岡・西山・寺澤, 2018；西山・寺澤, 2013；上田・寺澤, 2008, 2010；寺澤［2016］参照）。これらの事実は、従来の記憶のイメージを覆すインパクトを持っている。またこの事実は、行動データの収集において、微細なイベントの生起スケジュールを制御する必要性の根拠にもなる。

因果関係を議論することの困難さ

　従来、縦断的調査は頻繁に実施できなかったため、日常で起きている日々のイベントと意識変動の関係を因果的に検討することは難しかった。対して、子どもの意識変化を縦断的に頻繁に測定できるようになれば、日々の多様なイベントに対応させて個人の意識変動を吟味できると考えた。つまり、20年に及ぶ実践研究で、学校現場と協同し、日々のドリル学習の反応履歴とテスト成績を年単位に、また学校単位で連続して収集することが可能になった。

この状況を生かすことで、子どもの抑うつ傾向や自己効力感等の状態を頻繁に測定し、その変化と子どもの周りの出来事（イベント）との関連を因果的に検討することが可能になると考えた。つまり、因果関係を推定することが実質可能になるような縦断的データを収集することで、新たな研究法を確立できると考えた。

2. マイクロステップ・スタディの学術的研究目的

　高精度教育ビッグデータの研究は、大量の縦断データから、連続するイベントの集合の影響を因果的に議論できる、因果推定研究の実現を目指している。ここでいう「連続するイベントの集合」とはすなわち「経験」である。従来、横断的研究では、「経験」をひとまとめにしてその影響を単発的な調査データで吟味し、また、実験研究は、特定のイベント（実験操作）の影響を単発的なインターバル後のテスト成績で評価してきた。つまり、これまでの社会科学には、連続する多様な「経験」の影響を科学的にひも解いていく方法論はなかった。

　それに対してマイクロステップ・スケジューリング法は、「経験」を、「スケジュール」として定式化し、その影響を厳密に評価できる形で、連続した調査を大規模に実施する状況を構築した。そこで収集される縦断的データから、子ども自身の行動の影響はもちろん、子どもの周りに起きるイベントの影響を可視化する新たな研究法を確立することが可能になる。すなわち、平均的な傾向の把握に留まらず、個々の子どもの意識変動と、経験の中のイベントの因果関係を議論できるデータベースを構築し、そのデータから、一人ひとりの子どもの行動や、周囲のイベントの関与を予測できる研究法の確立につなげることを目指した。もちろん、膨大な学習データから、学習効率を高めるスケジュールや学習法の評価を行うことも可能になると考えた。

3. 研究の方法と成果の概要

　高精度教育ビッグデータの研究においては、研究パラダイムの確立が大きな目的となっているため、これまでに確立した新たな研究法の説明とともに研究成果の概要を以下紹介する。

時間次元の要因が統制された教育ビッグデータの収集法の確立

　現在一般に収集されている膨大な履歴データには、必ず「いつ」というタイミングの情報が含まれている。そのタイミングや効果測定までのインターバルの違いを個人ごとに制御した上で、収集される履歴データを解析することにより、これまで全く測定できなかった、個人ごとの成績の上昇が高い精度で描き出される事実が明確になった。本書の冒頭で示した、図0では、3名の高校生が英単語の学習を約3週間継続した場合の成績の変化が示されている。このような成績の変化は、一般的なドリルの成績をプロットしても得られず、スケジューリングによって初めて可視化される。勉強すれば成績は上がると一般的に言われるが、学習に対応して成績が上昇していくデータを図0に示すように個人レベルで描き出す研究はこれまでなかった。この事実は、タイミングやインターバルといった時間次元の要因の影響がかなり大きいことを示している。逆に、時間次元の要因の影響を反映する履歴データの解析にマイクロステップ・スケジューリング法の有効性が示されたといえる。

　マイクロステップ・スケジューリング法を実装した教育支援は、多数の研究助成を受け、利用する端末やメディア、通信方法を変えつつ、徐々に拡大されてきた。当初は、希望する高校生（茨城県立並木高等学校）にノートパソコンを配布し自宅で学習を行う条件で実験が始まった。その後、（株）ベネッセコーポレーションとの共同研究としてPDA（小型情報端末）と紙媒体のハイブリッドな方法により、小学校のクラス単位（岡山市立津島小学校）で長

期学習実験を開始した。さらにその支援は、紙媒体とスキャナ、OCR を駆使したドリル方法となって中学校（玉野市立玉中学校）の全生徒の支援へと広がっていった。その間、（株）リクルートの協力を得て NINTENDO DS 専用のゲームソフトにも実装され、それを利用して高校生（長野県飯田高等学校、麻布高等学校）や大学生対象の長期学習実験も実施された。携帯端末の通信料金が安価になったのに対応し、紙媒体で実施していたドリル学習を、WEB ベースの e ラーニングに移行させた。このころから英語教育の研究者らと、大学生を対象にした英単語学習の長期実験を多数行い、数多くの知見を得られるようになった。

　しかし、研究助成は期間が限られるため、研究費が途絶え、支援を継続できない状況に陥ることがあった。教育は継続が重要といわれるが、マイクロステップ・スタディを提供することで大幅に意欲をあげられた児童・生徒にとって、その途中で学習を中止してしまうことは、はしごを外すようなことになる。意欲を失っている児童・生徒の意欲が劇的に向上するデータを目の当たりにすればするほど、支援を安定して継続させる必要を強く認識するようになった。そこで、マイクロステップ・スタディを研究からサービスに高め、e ラーニングを自治体や学校から提供される受託事業費で回していく方向に舵を切った。その結果、様々な幸運に恵まれ、平成 26 年 9 月より岡山県赤磐市から委託を受け、自治体が実費を負担するスキームで、スケジューリングを施したドリルを年単位で提供する支援を 4 つの小学校で開始することが可能になった。その後様々な改良を加え、現在に至っている。

　マイクロステップ・スタディで得られる漢字の読みドリルの成績は、ほとんどすべての子どもで上昇する様子が描き出された。その中で、子どもが自らの学習到達度を評定した指標（自己評定の成績と呼ぶ）に関しては、例えば、図 2-1-1 に示した個別データが得られている。児童 A は典型的な例であり、当初の成績は低くても成績は着実に上がっている。児童 B は特殊な事例であるが、自己評定の指標では、判断基準が厳しい子どもはこのような形で成

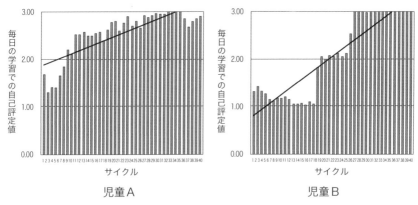

図2-1-1　児童2名の漢字ドリルの成績（自己評定得点）の変化

　績が上昇していく。このように、データには子どもの個性も現れてくる。

　教育ビッグデータの構築においては、研究費を用いず、如何に継続してデータを収集するのかが大きな課題になる。それを解決できる可能性が出てきたことには大きな意味がある。

紙とインターネットを融合した学習システム

　オリジナルなドリル用紙を印刷し、配布し、その画像データを教室に配置したスキャナによりインターネットを介して回収し、OCR 処理（画像データを数値データに変換）することを可能にした。さらに学習者の反応データを全て個人ごとの学習履歴データベースに記録し、多数のスケジュールごとにデータを集約し、解析した結果を図2-1-1 に示すようなデータとして個別に出力する一連のシステムの自動化を進めた（図2-1-2 参照）。コンテンツを漢字の書き、読み、中学校の英単語の意味、大学受験に必要な英単語の意味、中学校の公民・歴史の用語、漢字検定に必要とされる四字熟語に拡張し、実際に提供した。現在は、民間の教材会社からコンテンツを提供していただき、それをスケジューリングし e ラーニングを提供していく連携も始まっている。

　システムを改良し、携帯端末を使った e ラーニングシステムを、スマート

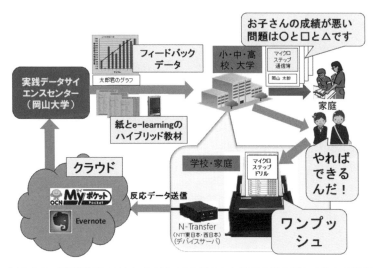

図 2-1-2　異種通信システム／メディアを融合した遠隔教育支援システムの概要

フォンと PC のブラウザで利用可能な HTML5 ベースの WEB 学習を実現し、大学生を対象に TOEIC 対策用の英単語用 e ラーニングを提供し、サーバ経由で収集されるデータを、紙ベースのドリル学習データと同様の処理で解析結果を出力できるシステムへつなげ、同様の解析が実行できるシステムへ統合した。これにより、データの多い学習は WEB で行い、客観テストは紙に書いて実施するといった、ハイブリッドな学習・テストシステムを提供することも可能になった。

子どもの意識変化を縦断的に可視化する

　新型ドリルの全校規模での導入が広がり、毎日新型ドリルが実施される状況が生まれたことを受け、日々のドリルの最後に 3 〜 5 項目のアンケートを挿入し、一人ひとりの子どもの意識変動を縦断的に可視化する方法を確立した。実際に用いた心理尺度は、抑うつ傾向、学習意欲、自尊感情、自己効力感の各尺度とマイクロステップに関する評価項目である。2 〜 3 週間に 2 〜

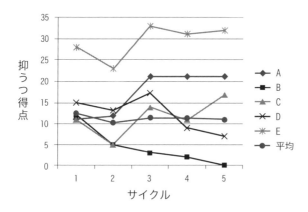

図2-1-3　抑うつ傾向の個人変動（変化量の大きな生徒）（3か月間）

4尺度の項目をスケジューリングし、反応を回収・解析できる状況を構築した。例えば、図2-1-3は、中学生の抑うつ傾向の3か月間の個人内変動を示したものである（矢地・寺澤, 2012）。この実験では、中学生の抑うつ尺度に対する反応が各生徒ごとに3か月間の間に6ポイント収集されている。従来の方法では、このような頻度で個人の意識データを収集することは難しく、個別集計も非常に困難であるが、開発された新たなシステムでは、教師の関与（負担）は必要なく、文字通りデータが落ちてくる状況が構築され、そのデータを更にランダムなIDを割り振り、研究者に送付することも可能になった。

因果研究法の確立

　上記、抑うつ傾向は個人差が大きいが、97%以上のほとんどの子どもは高値低値でそれぞれ安定していることが示されたと同時に、3%未満程度で、短期間に比較的大きく変動する子どもの存在も明らかになった。図2-1-3は変動の大きな子どものデータであるが、よく見ると、同様の変動を示している子どもが何人か見受けられる。あくまで可能性のレベルであるが、ある子

ども集団に何らかのイベントが起きている可能性も推測できるようなデータが収集できるようになったといえる。

　これまでの縦断的調査研究は、コストなどの問題から実施頻度は非常に少なくならざるを得ず、学校等から研究協力を得ることも困難であった。ところが、新型ドリルが学校で受け入れられ、教師の手を煩わせずに日々ドリルを実施する状況が構築できたこと、さらに個人にヒモつけ可能なデータが容易に集約できる状況が構築できたことで、高い頻度で一人ひとりの子どもの様々な意識変動を可視化することが可能になった。それにより、子どもの周囲で起きている様々なイベントの影響を、子どもの様々な心理尺度の項目ごとの得点変動で検討できる状況が確立できたといえる。

縦断的実験研究の創出

　上記のように、抑うつ傾向が短期間で変動する子どもが少ないことが明らかになったことを受け、研究の方針を、日常で起きているイベントを意図的に操作し、その影響を可視化することにシフトさせた。すなわち、現在の実験法では単発的な実験操作の影響を単発的なテストで検討しているが、本研究では、実験操作も連続したイベントの集合として捉え、その影響を長期間の縦断的意識変化として可視化する縦断的実験法の確立を目指した。

　寺澤（2007）ではその実験的操作として、2つのトピックスを取り上げた。一つは、従来から、その効果の測定が困難といわれている、教師の指導効果の可視化、もう一つが、学習フィードバックを連続することが子どもの意識に与える影響を可視化することである。教師の指導の効果や、新型ドリルのフィードバックのような、継続してなされる取り組みの影響を測定するためには、評価（テスト）も連続して行う必要があり、それが従来実施できなかったといえる。

異種通信システムと異種メディアを融合する新たな通信原理の実装

　ICT の進歩とインターネットの普及などにより家庭で e ラーニングがで
きるようになりつつあるが、全ての家庭にインターネットが普及することは
難しい。公教育では一人の子どもでもネット環境が整わなければ全校規模で
自宅における e ラーニングを推進することは難しい。また、小学生が行って
いる紙に鉛筆で書く学習は、置き換えは難しい。このような状況から、紙を
ベースにした図 2-1-2 のような学習システムを構築した。すなわち、教室に
通信機能を持たない安価なスキャナ（PFU 製 ScanSnap）と安価なデバイスサ
ーバ（NTT 東西製 N-transfer）を設置し、クラウドに画像データをアップし、
そのデータを大学にダウンロードし回収する仕組みを構築した。

　問題は、一か所のクラウドにアップされた画像データを、子どもごとのデ
ータ領域に記録・解析し、解析結果をクラスごとにまとめて学校へ郵送した
り、結果を WEB に書き出しその URL を各学習者に配信したりすることな
どを自動化する方法である。本研究はそれを寺澤（2012）の新たな通信原理
を利用して実現した。つまり、特定の学習者のデータをどのように処理し、
どの通信システムを使ってどのアドレスへその結果を配信するのかを特定で
きる ID を、あらかじめ新型ドリル用紙の中に QR コードとして印字し、ク
ラウドにアップされるスキャンデータの QR コードを解析し、その後の処理
と送信先の情報を特定することで、ドリルの白紙面や誤ってアップされた表
紙などを自動で削除しダイレクトにデータを学習者のデータ領域に届けるこ
とを可能にした。つまり、様々なハードから子どものデータを一か所にアッ
プするのみで、任意のコンテンツを任意の処理を加えた上で任意の通信アド
レスに配信することが可能になった。この通信の方法は、T コード通信原理
（寺澤, 2017：特許）と呼んでいるが、メールで送った内容を LINE で受け取る
方法や、紙による通信とデジタル通信を融合する方法など、異なる通信シス
テムを融合してコンテンツを送受信する新たな通信原理になると考えている。

　この方法は、個人の特定につながる IP アドレスさえネット上に流すこと

なく、個人の反応データを回収することを可能にする。この点は、学習データの回収において、個人情報を保護するための重要な機能にもなると考える。また、現在注目されているデジタル教科書と情報端末を融合するハイブリッドな学習環境の構築にも必須となる原理と考えている。

4. 得られている成果

　上記の方法を活用し、学習支援を提供しつつ縦断データを収集した結果、学習プロセスや意識変動に関して新たな知見が得られた。以下に代表的なものを上げる。

成績向上の個人データのフィードバックが学習意欲、自己効力感を上昇させる

　本研究は、成績上昇のフィードバックと自己効力感や学習意欲などの意識変動の、操作（指導）と効果測定（評価）の両者を、それぞれ長期にわたる連続した期間の中で実施し、その関係を検討することを可能にした。具体的には、成績ではなく、成績の上昇が顕著な中学生をピックアップし、教師がそのデータを示して褒める指導を加えたところ、有効なフィードバックを受けなかった中学生に比べ、フィードバックを受けた子どもの学習意欲を有意に向上させる結果が得られた（西山・土師・寺澤, 2015）。一方、有効なフィードバックを受けなかった中学生（つまり通常の状況の中学生）の意欲は2、3か月間の間に低下することが示された。同様の結果は、マイクロステップ・スタディを導入した多くの学校の児童・生徒の意識データの分析で、ほぼ確実に得られるようになっている。

学習するタイミングと学習意欲の関係

　大学生を対象にしたeラーニングの学習履歴データから、各学習者の学習

タイミングと学習量の可視化を実現した。一気にまとめて学習するスタイルや日々コンスタントに学習するスタイルが個別に可視化された。また、学習意欲に関する質問紙の得点と、類型化された学習のペース（スタイル）の間に関係性が認められることなど、様々なデータの関連性が認められ始めている。

学習のタイミングと学習回数が学習効果に与える影響

　学習のタイミングと反復回数の2要因を組み合わせた学習実験を多数実施し、学習タイミングと学習頻度の関係（2日に2回のペースで学習するか、4日に4回のペースで学習するか等）を検討する研究も行われている。まだ一貫した結果は得られていないが、2つの要因の間に交互作用が検出される結果などが得られている（西山他, 2012、cf. 矢地・寺澤, 2011）。学習スケジュールの影響が非常に微細な学習プロセスにまで及ぶ可能性を示唆する結果といえる。

因果データベースの構築

　上記結果は、収集されるデータから導き出される知見のほんの一部である。実際のところ、得られている膨大な縦断データは、多様な分析が可能である。筆者らは、因果関係を議論できる縦断的行動データベース（因果データベース）の構築を主な目的とし、それを実現したが、それを活用した研究は今後の課題である。現在、およそ2週間に一度のペースで、回収されるデータを個別に記録し、そこからクラスとコンテンツの難易度ごとに大規模なデータベースを生成している。全ての難易度のデータを集約し、さらに学校内で全クラスのデータベースを集約すれば、クラスや学年間の比較も可能となり、さらに同じコンテンツとスケジュールに基づく学習を実施している全ての学校についてデータをまとめれば、学校間や地域間のデータを比較検討することも可能である。それも、学習データは日々アップデートされ、学習項目や質問項目の一つひとつに対する学習者全員分の時系列反応データが収集され、その反応が収集されるタイミングはどれもスケジュールごとに揃っているデ

ータとなる。このデータベース群からは想像を超える研究が生まれてくると確信している。今後は、この因果データベース群を多様な研究領域の研究者が共用できる環境を構築し、縦断研究を基本とした研究を広げていくことが課題となる。

国内外に対するインパクトと喫緊の課題

　縦断的行動データの収集は企業を中心に進んでいるが、冒頭で説明した時間次元の要因の問題は解決が非常に困難である。それを実現するスケジューリング技術は実験心理学の高度な実験計画法とデータベース技術の両者の融合が必要な技術であり、その実装は容易なことではなく、現時点で同様の研究は世界的にもない。

　この状況はすなわち、縦断的研究を基本とする社会科学の研究基盤をいち早く日本に構築できることを意味している。一方で、ビッグデータの活用では、誰がデータを管理するのかが重要な問題となる。民間企業がそれを収集し、保持する仕組みができれば、データの囲い込みが起きるのは避けられず、学術研究は致命的な影響を免れない。半民半官的な公的な仕組みが必須であり、その構築は喫緊の課題になると考える（寺澤, 2015）。

第２章　真にエビデンスベースの教育を実現するために [4]

　第２部第１章では、マイクロステップ・スケジューリング法（単純にスケジューリング法と呼ぶ場合もある）という新技術を活用することで収集できるようになった高精度教育ビッグデータが様々な研究を可能にしていくことを紹介した。従来から社会科学の領域では、縦断データは宝の山とされてきたが、高精度教育ビッグデータのような、時間次元の要因を制御し収集される、時系列条件が揃った大量の行動データは、宝石そのものである。本章では、高精度教育ビッグデータの根幹をなす、スケジューリング法を生み出すに至った背景を紹介する。

　教育心理学の不毛性が議論されてから久しいが、その解決の道筋はなかなか示されない。本章では、その原因を整理し、それを解決する新しい方法論を提案する。それは、教育心理学に限らず、社会科学全体に通じる研究法のパラダイムシフトを促すものである。

　従来の心理学の研究は、ある処遇の効果をその処遇が行われた後に行われる「単発的な」テストや調査の結果のみで評価してきた。そのような方法論の場合、処遇の効果は、処遇から評価までのインターバルによって確実に変わってくる。さらに、処遇を複数加える場合には、いつ処遇を加えるのかという、タイミングは無数想定されることになり、それは検出される処遇の効果に確実に影響を及ぼす。これまでの心理学は、インターバルやタイミング

---

4)　本章の内容は、平成 14 ～ 17 年度科学研究費補助金基盤研究（A）（1）研究成果報告書（研究課題：23 「経験の変数化」を念頭においた実験計画法に基づく客観的絶対評価の実現、課題番号：14209010、研究代表者：寺澤孝文）研究成果報告書の一部に加筆修正を加えたものである。

といった、時間次元の要因を限定することにより、処遇の効果を高い精度で
検討することを可能にしてきたといえる。逆に、同様の処遇やイベントが長
期にわたり何度も生起する日常場面には、これまでの方法論は原理的に適用
できないといえる。

　逆に、本書で紹介されている個別データとこれまでの同様のデータを比較
すれば、インターバルやタイミングという時間次元の要因が、実のところ、
人間の反応データに想像を超える誤差が混入している可能性が際立ってこよ
う。本章で紹介する、時間次元の要因を制御する新しい方法論を実際の日常
の教育場面に適用することで、非常に詳細で精度の高い個人の時系列データ
が収集された事実は、時間次元の要因というこれまで心理学が制御できなか
った要因を制御することが、対象者の反応データの質を、飛躍的に向上させ
ることを如実に表している。

　本研究により、個人差をデータに基づき議論できるレベルの時系列データ
を、比較的容易に手にできるようになったことは様々な領域に新たなアプロ
ーチを誕生させる可能性を示唆している。一般の日常的な場面の時系列的な
反応の変化に基づき、個人差を議論できるレベルの客観データは、これまで
どの社会科学の領域でも手に入らなかったものである。そのようなデータが、
何千人、そして原理的には何十万人、何千万人をも対象に収集できるように
なった事実は、社会科学全般に大きなインパクトとなりえよう。

1.　教育心理学の不毛性

教育心理学の不毛性の原因

　教育の領域における教育心理学の役割の重要性とその可能性は多くの人が
信じるところである。特に、様々な場面において客観データに基づく議論の
必要性が指摘される近年、客観的データに基づき、人間の行動に影響を与え
る要因の解明や個人の特性、状態の把握などに精力を傾けてきた心理学に対

する期待は非常に大きくなってきている。客観データに基づき、個人や集団の振る舞いや特性を描き出すことを大きな強みとする心理学にとって、教育の分野で客観的で利用価値の高いデータを提供することは重要な使命のひとつといえる。ところが、古くから「教育心理学の不毛性」の議論がなされている通り（福沢, 1982）、教育現場に役立つ情報を心理学が十分提供できていないという事実は否めない。

　特に、心理学の研究の中でも、実験法に基づく実験室的研究は、得られる知見の多くが社会的な意義を認めにくいものが多く生態学的妥当性に欠ける、といった批判の対象となったことは周知のことである（e.g., Neisser, 1988）。実験室的研究は、人間の認知機構を解明するために必要不可欠な人間の行動に関する手がかりを提供するという、かけがえのない責務を担っている点で、短絡的な批判の対象とはならない。しかし一方で、実験法に基づく研究が、社会的に意義の高い成果を提供できていないことも明らかである。さらにいえば、研究のフィールドを単に日常的な場に移すだけで社会的に意義のある成果をもたらせないことも、これまでの研究を見る限り明らかである。

　実験法という方法論自体は、観察法や調査法等に比して、決して力の弱い方法論ではない。実験的研究が社会的に有益な情報を提供し影響力をもつ研究として広まらない最大の原因は、日常生活や社会が有す特徴に対処できる形で、実験計画法を展開する方法論がなかったことにあると考える。以下では、まずその原因を明確にする。

　森（2004）は、教育心理学の不毛性の議論に触れ、教育現場をはじめ実践研究の現場を、「統制不可能な多数の要因が渦巻くカオスの世界（p.45）」と表現している。日常的な教育場面は、まさしくカオスの世界であるが、以下ではまず、自然科学の研究と比較し、心理学の対象の何が制御の難しい要因となっているのかをより抽象的なレベルで検討する。人間の活動の何がカオスの世界を作り出しているのかを整理し、その原因を排除し、意味のある世界に再構築しなければ、心理学が社会に役立つことは難しいともいえる。

　自然科学の研究は、研究対象とするモノの特性やそれらの関係性の一般則を帰納的に解明すれば、それらをさまざまな分野に演繹的に適用することで、研究成果を社会に役立たせることが可能である。ところが、心理学の場合には、実験室的に特定の要因を統制した範囲で行動の法則性は記述できても、その法則性を一般の生活レベルへ還元することが難しい。その一つの理由は、モノの特徴に影響を与える要因に比して、人間を取り巻く環境には、人間の行動に影響を与える要因が無数存在することが挙げられる。例えば、鉄の特性は、夏でも冬でもほぼ一定を保つ。ところが人間の場合は、服を着るという行動だけみても、夏と冬では大きく違ってくる。より端的な例では、人は「止まれ」と「進め」という文字を見れば全く異なる行動をとるが、鉄の塊にそれを見せても未来永劫なんら変化は起きない。人間の行動に影響を与える環境的な要因は、自然科学とは比較にならない膨大な数に上るわけである。実験的な知見を演繹的に応用することを困難とするこの原因を、本書では、環境の多様性の問題と呼ぶことにする。

　心理学の研究が明らかにした一般則を、演繹的に応用することを難しくしているさらに大きな原因は、人間の可変性にある。すなわち、人間は多様な環境の影響を受けつつ、時々刻々と変化する存在である。鉄は高温で液状になっても冷えればまた元に戻るが、人間は一度やけどをしたらしばらく同じ過ちを犯すことはない。すなわち、人間はモノと異なり、経験によって変化し続ける特徴を持つゆえに、人間の行動を予測する上である時点で適用できた法則性は、次の瞬間には厳密には適用できなくなる可能性を持っている。

　さらに、より重要な問題は、上記環境の多様性と人間の可変性の問題の両者に付随して出てくる問題である。すなわち、人間はそれぞれが全く異なった存在であるという事実が、心理学の知見を社会に還元することを困難にしている。自然科学が実験室で扱う鉄のようなモノは世の中に無数存在し、複製や合成することが容易である。それに対して、多様な環境の中で長期にわたって変化を続けた結果である個人の行動は、その一人ひとりが唯一固有の

特性を持った存在である。従って、心理学的に明らかにされた行動の一般則を、個人レベルに適用してその行動予測をもたらすことは極めて困難なことである。本書ではこの問題を、個別性の問題と呼ぶことにする。

　また、倫理的な問題として、そもそも日常の場で、人を一定の条件統制下に置くことが許されない点が実験法を日常の場へ導入することを難しくしている。日常場面における人の行動は、本人の自由意志に基づいてなされており、基本的に統制になじまない場であることは明らかである。

　教育心理学の不毛性の克服と実験法の有用性を示すためには、これらの問題を根本的に解決する必要がある。

教育心理学の不毛性を克服するために

　まず、個人の自由な日常生活に実験法を導入することの倫理的な問題に関して考えてみる。

　心理学が扱う人間の営みは非常に幅広いが、とりわけ教育という営みは、基本的に社会生活を営むために必要な枠を子どもに身に付けさせることであり、ある意味、子どもの生活に緩やかな統制を加える活動に他ならない。実際、学習指導要領に沿った教育内容の精選などは、記憶実験で実験者が被験者に提示する学習材料を一定の基準で抽出する行為と類似したものともいえる。つまり、教育場面は、日常生活の場面の中でも、比較的ゆるやかな統制が可能な場といえる。

　さらに、近年の情報技術の進展に伴い、学校はもちろん、各家庭にコンピュータの他、端末機器が普及してきていることも、日常の場へ実験心理学的手法を展開することを容易にする環境が生まれていることを意味している。従来より、記憶研究をはじめ実験心理学的な研究の多くは、刺激呈示や条件統制、反応データの収集などのために、コンピュータを利用して実験がなされている。インターフェイスだけを見れば、英単語を記銘材料とする記憶実験の学習場面と、一昔前のCAI教材の学習場面は大きくは異ならない。ま

た、通常の実験室実験の状況をインターネットの端末側で構成し、実験室実験と同等の現象が検出できることを示している研究も見られる。パソコンなどの情報端末を利用した学習場面においては、刺激の呈示条件などについては、かなりのレベルまで実験室実験と同等の操作が可能な状況にあるといえる。

　さらに言えば、従来、教育心理学的な研究において用いられている、授業や学習の効果を測定するためのテスト課題は、基本的に通常の教育場面で実施されているテストと大きく変わらない。つまり、教育心理学的な研究で既に用いられている課題の内容や状況は、学校場面のそれらと大きく異なるものではない。

　これらを考慮すれば、教育の場面は、実験法を導入する上で比較的受け入れられやすい場といえる。逆に、教育と研究の実際の状況が類似しているにもかかわらず、今なお教育心理学の不毛性が議論にのぼる事実は、これまで考慮されてこなかった原因が別のところにあることを示唆している。本論文は、その原因として、上述した「環境の多様性」「個別性」「人間の可変性」の3つの問題をとりあげる。

　以下では、より具体的な研究領域に対象の範囲を狭め、これら3つの問題の意味とその解決法を示していくことにする。すなわち、以下では現在教育現場で大きな関心が寄せられている教育評価に関する問題の解決に、実験法を展開するための道筋を示す。それは、教育評価の領域においては、動的テスト法（dynamic testing）の実現（池田, 2000）のための道筋にもなる。

2.　動的テスト法の実現

日々の学習を評価することの困難さ

　学校場面へ絶対評価が導入されたことにより、教師には、教育内容を教授する機能に加え、子どもの到達度を評価する機能が従来以上に重要視される

ことになった。学校において、子どもを見守るかけがえのない存在である教師にとって、子どもを把握する機能が重視されるべきことは当然といえば当然のことである。しかし、子どもの実態を正確にまた詳細に把握することは決して容易なことではない。それは絶対評価に限らず、相対評価にもあてはまることである。以下の質問に対して明確な答えを誰も提供できなかった現状はその困難さを如実に物語っている。

(a) 買ったばかりの英単語帳の、見たこともない 1000 語の英単語を完全にマスターするためには、自分の場合何か月かかるだろうか？

(b) 今の学習のペースで大学受験に間に合うのだろうか？

(c) 1 年前の期末テストでできなかった問題は今できるようになっているんだろうか？

(d) A 君と B さんの到達度は何がどのくらい違うのだろうか？

　このような疑問は、大学受験を目指す高校生や教師にとっては切実な問題である。しかし、実際問題として、現時点において上記の疑問に明確に回答することは不可能である。学校の一般的な学習内容について、「学習すれば成績は上がる」という常識的な信念すら、それを厳密にまた個別に証明している客観データは世界中どこを探しても存在しないのが現状である。このような状況は、心理学が教育場面で取り扱っている行動や学習データに、量的、質的な限界が存在することを物語っている。

教育評価の精度を高めるための課題

　絶対評価に比べ客観性があるとされる相対評価でも、現在一般的に行われているドリルやテストの成績で、個人の到達度を正確に推定することは本質的に難しい。それは「テストの問題が簡単であれば当然得点は高くなる」ことや、「前日に学習した内容がテストに出てくるような（山が当たった）場合には得点が高くなる」ことを誰もが知っている事実に如実に表れている。すなわち、前者はテストを作成する際に、多数ある学習内容の中からテスト問

題を抽出する時点で、難易度に大きな差が生じてしまう抽出誤差の問題の大きさを示しており、後者は、抽出誤差に加え、学習とテストのインターバルの影響が誤差としてテストの得点に反映されてしまう問題の大きさを示している。

　抽出誤差の問題に対しては、個人得点を偏差値換算し集団の中での相対的位置を明らかにし、それがその個人の到達度に対応すると仮定することなどで、一般的な解決が図られている（いわゆる相対評価である）。また、IRT（Item Response Theory）に基づき、テスト問題の難易度等の情報が利用できる場合など、個人の能力などを比較的正確に推定することも可能になっている（e.g., 藤森, 1993）。

　しかし、いずれにしても、多数の学習内容の一部から構成されるテストの成績から、全ての学習内容（テスト項目）に関する到達度を推定する場合、推定精度の低下は免れない。さらにまた、学習とテストのインターバルの影響に関しては評価において一切考慮されていないのが現状である。1 か月前に学習した内容と前日に学習した内容がテストに混在した場合、到達度の推定精度が低下することは明らかである。さらに加えて、学習の効果は、学習を行うタイミングによって変わることも、集中／分散学習に関する研究で古くから示されている（e.g., Dempster, 1996; 水野, 2002；北尾, 2002）。つまり、1 か月に 10 回学習された問題といっても、3 日ごとに 1 回のペースで学習を受けた場合と、6 日ごとに 2 回のペースで学習された場合では、その成績は異なってくるわけである。このインターバルやタイミングなど、時間次元に想定できる要因（以下、時間次元の要因と呼ぶ）の影響は、現在の教育評価では全く考慮されておらず、排除されていない。

個々の学習内容に到達度を推定する必要性

　大学入試や就職試験、資格試験のように、選別を目的とした評価は別として、一般の教育場面で行われている教育評価は、導き出される評価結果を基

に、学習者のその後の指針となる情報を提供することが最も重要な目的である。一般に形成的評価が教育場面で重要視されているのはその現れといえる。それでは、学習者が必要とする指針とは、具体的には何であろうか。それは、一人ひとりの子どもに対して、何をどれだけ学習すべきかを示す情報といえよう。「何をどれだけ」学習する必要があるのかを個別に推定することが、教育評価に最も期待されている機能と考える。

　ところが、現在一般的に個人にフィードバックされる評価情報は「国語のテストで 30 点をとってしまった」とか「英語の偏差値が 45 であった」といった、非常に総合的な到達度の情報であり、学習を進める上で重要な「何をどのくらい」という具体的な情報はほとんど含まれていない。偏差値に代表されるデータは、教師や保護者に対して、子どもの状態を分かりやすく明示する点では有益であるが、子どもが本当に必要としている具体的な情報とは言いがたい。この点は、従来のテストが実施機関に必要な情報を提供し、受験者個人が必要とする情報を提供する機能を果たしていなかったとする、池田（2000）の指摘がそのまま当てはまろう。

　実際の教育場面において、教育評価をもとに学習の指針となる情報を提供することは容易なことではない。単元テストを毎回実施することすら容易でないのが現状である。どの種類の問題の出来が悪いから、どの内容を特に学習しないといけないといった助言を、年単位で継続して教師が与えることは実質的には不可能な状況といえる。また、診断的評価と形成的評価のいずれにおいても、そこで実施するテストの成績には、上述した抽出誤差の問題や時間次元の要因の影響が色濃く出ているはずであり、その結果に基づき精度の高い適切な助言を導くことは原理的にも困難といえる。

　それでは、子どもに「何をどのくらい学習する必要がある」という指針を提供するためには、何を解決しなければならないであろうか。

　まず、「何をどのくらい」という情報を具体的に子どもに提供する上で困難となる問題のひとつは、学習の到達度は、学習者ごとに異なると同時に、

学習内容の一つひとつに想定されるものであり、学習内容が異なれば到達度
も大きく異なってくる点である。一般的な英語の語彙力を例にとれば、
"memory" と "retrieval" の到達度は明らかに違う。「語彙力」の到達度とひ
とまとめにした情報をフィードバックしても、子どもにとって有益な指針と
はなりにくい。さらに、個々の英単語についても、見たことがないと思う段
階から、日本語訳がすぐに出てくる段階、英会話の中で使える段階など、非
常に微妙で多様な到達度のレベルが想定できることが問題を困難にしている。
何をどのくらい学習する必要があるのかを子どもに示すためには、英単語や
漢字はもちろん、宿題のドリル帳に出てくる 1 つの設問のような、膨大で具
体的な個々の学習内容について、多様な到達度のどの段階にあるのかを推定
することが必要になる。

　すなわち、子どもにとって真に有益な評価を具体化するためには、第一に、
膨大で具体的な学習内容の一つひとつを対象にして、その到達度を詳細に推
定することが必要となる。「何をどのくらい」の「何を」という情報は確か
に膨大ではある。学習内容の一つひとつを対象にすることは、上述した「環
境の多様性」の問題を解決することを意味する。さらに、環境の多様性は、
学習者ごとに異なることは当然であり、まさにそれに対処することは、「個
別性」の問題を解決することを意味する。ここで言う多様な環境とは、既に
教育場面で用いられている多種多様な学習内容に他ならず、個別性も学習者
一人ひとりに対処することができれば解決は可能になる。これら数の問題は
それに対処できるアルゴリズムさえ明らかにできれば、決して解決できない
問題ではない。現在のコンピュータの性能は十分なレベルに達している。よ
り根本的な問題は、「どのくらい」という情報を高い精度で推定する方法論
にある。

学習とテストの融合

　「何をどれくらい」という情報のうち、「どれくらい」という情報は、到達

度の正確な把握と、予測があってはじめて提供できる情報である。膨大な学習内容の一つひとつについて、正確な到達度の推定を行うためには、従来のテスト法の枠組みを大きく変える必要がある。

　池田（2000）は、一世紀にわたる科学的テスト研究を概観し、次世代のアセスメント技術研究の進むべき方向性を示している。その中で池田は、アセスメント技術の究極的な目標として、動的テスト法（dyanamic testing）の確立とそれに向けた研究開発の必要性を強く主張している。すなわち、テストが教授・学習と一体化することにより、学習者の反応に応じて、学習者にとって効果的な学習プログラムの選択が促され、また、学習内容の配置も絶えず修正・改善が可能な教育活動の必要性を指摘している。テストの機能というと、とかく選抜、判定、認定といったものを思い浮かべやすいが、池田も指摘するように、教育におけるテストの最大の機能は、評価結果を基に学習者に最適な教育の手立てを提供することにある。さらに、学習に対応させてテストが実施される、言い換えれば学習の要因を到達度の推定に利用できるようになれば、当然学力などの推定精度は格段に高まることが予想できる。

　ただ、動的テスト法の重要性は十分理解されるが、池田（2000）も指摘するように、現時点でそのようなテスト法は確立しているとは言えず、その研究開発も大きくは進展していない。そのひとつの原因は、学習とテストを融合させる上で、従来のテスト法が直面しなかった新しいタイプの困難が生じてくることにある。以下では、動的テスト法を実現するために解決が必要となる2つの課題に説明を加える。そのひとつは、長期にわたって何度も生起する特徴をもつ学習イベントに対応づけて、連続的にテストを実施するための技術の確立であり、もうひとつは、学習やテストイベントの生起によって引き起こされる個人の変化を、時間軸上の変化として描き出すための新しい方法論の確立である。

3.　解決の必要な問題

膨大なイベント制御の問題

　まず、学習イベントに対応づけて連続的にテストを実施する問題に説明を加える。ひとくちに学習とテストを融合させるといっても、一方の学習は、膨大な内容（コンテンツ）に関して、年単位という長期間に、何度も繰り返し生起する多数のイベントの集合である。漢字学習ひとつを例にとっても、小学校で学習する漢字は 1000 字を超え、それを 6 年間で繰り返し学習し、さらに漢字の組み合わせである熟語の学習は、小学校から高校にいたるまで継続して行われる。動的テストにより、学習とテストを対応させるということは、そういった膨大な学習イベントに対応させてテストイベントを生起させることを意味する。ここで問題となるのは、単にテストの頻度を増やせばよいわけではない点である。学習の効果は、コンテンツごとに、かなり独立した形で変化していくことが予想される。それは、前述したように、"memory" と "retrieval" の英単語の意味の理解レベルが一般的に違うことからも容易に想像できる。また、近年の潜在記憶研究では、同じ単語であっても、学習とテスト時の表記形態が大文字か小文字か、手書きか活字か等によって、学習の効果（プライミング効果）が検出されたりされなかったりする事実もよく知られている（Roediger & Blaxton, 1987；寺澤, 1994；寺澤 [2001] 参照)。

　つまり、学習に対応づけてテストを実施するためには、例えば英単語 1 語や、数学の 1 つの文章問題等、一つひとつのコンテンツごとに、長期に繰り返しなされる学習に対応させてテストを実施する必要がある。テストの実施頻度を増やすことは容易であるが、学習コンテンツに対応させてテストを実施するためには、結局のところ、個々のコンテンツに関するテストイベントのみならず、学習イベントの生起までをも制御するための方法論が必要となる。さらにその学習イベントは、長期間に一つのコンテンツに対して何度も

繰り返し行われる特徴を持つわけであり、その一つひとつの学習イベントの生起を制御する必要があることを意味する。もちろん、イベントの生起を制御するということは、一つひとつの学習イベントの生起様式（条件）も制御することを含んでいる。個人を対象に、何年にもわたり、何百万、何千万という学習・テストイベントの生起と、その条件を制御し、さらに対応する個人の反応を収集、記録、分析することが、動的テスト法実現のための障害を、根本的に解決する方法になる。

　この提案は見方を変えれば、教育心理学の不毛性の原因としてあげた「環境の多様性」と「個別性」の問題に対処するために、本論文が、多様な環境に匹敵する膨大なイベント状況を、個人を対象に、実験的に作り出すことを提案していることに他ならない。言い換えれば、無数のコンテンツと学習方法に対して、一人ひとりの学習者に対応させて日々の学習計画を年単位で描き出し、その日その日の履歴を全て記録し、さらに、本人の希望などによっては、その履歴を参考に随時将来の学習計画を自由に書き直せる状況を作り上げることを意味する。本論文では、動的テスト法を実現するためのこの課題を、「膨大なイベント制御の問題」と呼ぶ。

時間次元の要因制御の問題（縦断的研究の本質的な限界）

　連続して、また長期にわたって学習・テストイベントを生起させていく動的テスト法を実現するためには、従来考慮されてこなかった時間次元の要因を実験計画法で扱う方法論が必要となってくる。時間次元の要因の制御は、膨大な学習・テストイベントを対象に、個人の反応データを連続して収集する場合に生じてくる新しい問題であるため、以下でその特徴と問題に説明を加える。

　模擬試験の結果を予測するとき、直前の模擬試験でＣ判定の子どもが、それより前の模試でＥ判定であった場合とＡ判定であった場合では、予測は大きく変わってくる。このように人間の反応の理解や予測には、その個人の過

去から未来における "変化" という情報が大きな意味を持つことは明らかである。ところが、そのような時系列データを長期にわたって収集する縦断的調査は、そのコストなどから実施することが非常に困難と言われてきた。それゆえ、現在の心理学研究のほとんどは、その議論を横断的調査データに基づいて行っている。それに対して筆者が想定することは、まさに縦断的調査研究を、膨大な調査項目（コンテンツ）に関して、全ての子どもに日々連続して実施していく状況である。縦断的調査研究はその問題としてコストの大きさがしばしば取り上げられるが、本研究が目指す状況を想定すると、縦断的研究法がより本質的な限界を有していることが明らかとなる。

　縦断的調査研究は、調査イベントが個々独立している場合には、調査の実施タイミングは重要な問題とならないが、その調査イベントを経験すること自体が、後の反応に影響を及ぼす場合には、大きな問題となる。具体的には、学習とテストイベントを連続して生起させる場合、テスト時に得られるデータは、そのテスト以前に、学習やテストがなされた時期とタイミングによって大きく影響を受ける。これはすなわち、先に述べた、人間が学習や経験を重ねるごとに変化していく、人間の「可変性」に起因して生じてくる問題に他ならない。

　イベントの生起タイミングを統制することは、従来の実験法が行ってきたように、限定された少数の調査項目（コンテンツ）を対象にするのであれば容易であるが、膨大なコンテンツを対象にして、また自由度の高い日常の場でそれを実現する場合は、困難な問題が生じてくる。それが、時間次元の要因を制御する問題である。時間次元の要因として本論文では、インターバル要因とタイミング要因を取り上げ、それを制御するための障害に説明を加え、その中でインターバル要因を制御するための障害を解決する方法に説明を加える。

インターバルの要因

　一般的な学習実験を実施する場合、学習セッションを設け、その後一定の
インターバルの後にテストセッションを設け学習の効果を測定する。しかし、
このような学習実験では、被験者が学習するコンテンツの数はおのずと少な
くならざるを得ない。それに対して、一般の教育場面で用いられている学習
コンテンツは膨大な数であり、その学習を従来のパラダイムで実現すること
は不可能である。その理由を具体例を用いて以下で説明する。

　図2-2-1は、寺澤・吉田・太田（2008）の実験の全体平均の結果の一部で
ある。この図は、単語を1～8回反復してもらう学習を、1か月に1回のペ
ースで半年間続けてもらった場合の学習時の反応データをもとに、学習効果
の蓄積を反復回数と月に対して表したものである。

　従来の縦断的調査研究法に従って図2-2-1のようなデータを収集するなら
ば、学習を1～8回反復する学習条件に複数の単語を割り振り、ある日に条
件に対応する反復学習を行った後、その1か月後にテストと同様の学習を行

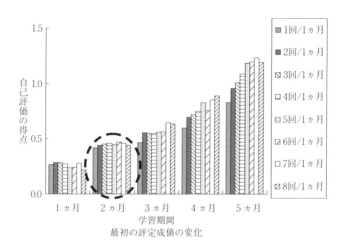

図2-2-1　半年間の学習による到達度の変化

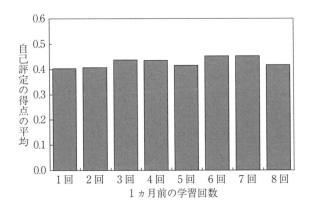

図 2-2-2　2 か月目のデータ集計の説明図

ってもらうという調査を繰り返すことになる。こうすれば図 2-2-1 のような
図をとりあえず描き出すことは可能である。しかし、一般の学習者（実験で
は高校生）が 1 日のうちに英単語学習に費やせる時間は短く、なおかつ 1000
語を超える学習内容全てを使って調査をすることは実質的に不可能である。
その理由を、図 2-2-2 を用いて説明する。

　図 2-2-2 は図 2-2-1 の 2 か月目のデータ（点線で囲んだ部分）のみを取り出し
たものである。横軸は 1 か月前に行われた学習回数を意味している。この実
験では、各学習回数条件（図 2-2-2 の一つひとつの棒グラフに対応）にそれぞれ
48 語（計 384 語）の英単語を割り振り、その成績の平均を学習者ごとに算出
し、さらに全被験者の平均をプロットしている。もし、従来の縦断的調査の
ように 1 か月ごとに学習を行ったとすると、1 か月前のある日に行う延べ学
習単語数と、総時間数はそれぞれ次のようになる。

　・延べ学習単語数 = 48 ×（1+2+3+4+5+6+7+8）= 1,728 個
　・総時間（1 回の学習に 5 秒かけて休憩を入れない場合）= 1,728 × 5 秒 = 144
　　分（2 時間 24 分）

　わずか 384 語の英単語で、半年間で最大でも 48 回（8回×6か月）の反復

学習しか行わない条件に限定しても、これだけの負担を 6 回にわたって高校生に強いることは不可能であり、たとえ実施できたとしても、2 時間を越える学習の最初と最後近辺の学習条件は等質とはいいがたいことは明らかである。

　高校生が英単語学習を継続するためには、1 日の学習は長くても 30 分程度に収める必要がある。そのためには、当然、学習を 1 日にまとめず広げる必要がある。ところが、学習期間を延ばすと、今度は次に説明するようにインターバルの影響を統制することが難しくなる。

　学習の期間を単純に広げても問題の解決にはならない。図 2-2-3 には、学習イベントを 24 日間に散らばせ、その期間の初日と 12 日目と 24 日目にそれぞれ 5 回ずつ英単語を学習し、25 日目にテストをした場合の、学習とテストのインターバル（日）を太枠で示している。毎日の学習が同じ条件で行われたとしても、学習の 24 日後にテストを受けた単語と、12 日後、1 日後にテストを受けた単語では、その学習の効果を同等に評価することはできない。また、学習条件が複数想定された場合、当然 1 日の学習時間や負担も変わってきてしまう。これに対処する必要が新たに生じてくる。これが、膨大な学習・テストイベントを対象にして、インターバルの要因を制御する場合

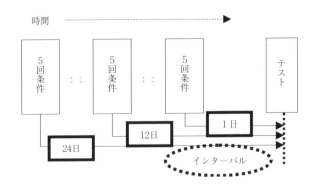

図 2-2-3　学習とテストのインターバルの影響

に生じてくる問題である。

タイミング要因

　学習効果が学習を行うタイミングによって変わることが問題をより困難にする。つまり、1か月に10回学習された問題といっても、3日ごとに1回のペースで学習を受けた場合と、6日ごとに2回のペースで学習された場合では、そのテストの成績は異なってくるわけである。そのタイミングをまず作り出し、その条件に従って学習イベントを生起させ、なおかつそのタイミングごとに到達度の変化を理解容易な形で描き出し、必要に応じてその効果を比較検討できるようにする必要がある。従来の心理学の研究では、扱われるタイミング条件は非常に限定的なものであった。

　心理学では従来、強化スケジュール、分散・集中学習といった、時間軸上におけるイベントの生起タイミングの表現があり、その影響について様々な研究がなされている（e.g., Dempster, 1996；北尾, 2002；水野, 2002）。しかし、そこで行われるタイミングの検討は、やはり限定的といわざるを得ない。古くから数多く研究がなされている分散・集中学習の研究を例にとれば、検討される条件として複数のタイミングが設けられたとしても、最終的な議論は、分散学習条件か集中学習条件のいずれかが効果が高いという、2分法的な表現に帰着させられる形でなされており、具体的にどのようなタイミングが学習効果を高めるかという点で議論はなされていない。その理由は、タイミングはそもそも無限に想定でき、個々のタイミングを厳密に比較検討することが困難であることによる。ただし、多様なタイミングを作り出し、なおかつ仮に膨大な学習者を対象にデータを収集できる状況が整ったとすれば、無限に近い条件の違いを詳細に比較検討することは原理的には可能になるはずである。

　多様なタイミングの条件を作り出す上で、その条件を表現することが困難であることが問題を難しくする。例えば、遅延効果（lag effect）の実験のタ

イミングを言い表そうとすれば、"リスト学習における LAG（挿入項目数）が 3 項目の学習を 3 回繰り返す学習条件" などと表現される。また、一般的な学習では、"1 日 10 回のペースで学習"、"1 週間に 1 度の学習" などと表現されることがしばしばある。さらには、"1 か月に 1 度のペースで 3 か月学習した後、3 か月休み、また 1 か月に 1 度のペースで学習を続けていく学習条件" なども想定できる。このようにタイミングが無数想定でき、なおかつ表現することが難しいことは、様々な影響力を持つ、タイミング要因を研究の土俵に上げることを困難にしているといえる。

　さらに言えば、従来のように言語的な表現でタイミング条件を表記していては、無限に想定できるタイミングそれ自体を変数として用いることができない。学術研究の立場からは、収集されるデータから個人の行動予測を導き出すことが大きな目的になるが、その場合、無限に想定できるタイミングの全てを個別に研究対象とすることは現実的ではなく、一定の条件に限定することが現実的である。その場合、多数のタイミングを、類似度などに基づいてある程度代表されるような形に集約するようなことも必要になる。そのためにはタイミングのコード化（変数化）も必要となる。

　上記の問題は、タイミングを研究対象とする上でのことであるが、より重要な教育的な問題が存在する。すなわち、実験者（もしくは教育者）が、学習者にとって望ましいと想定したタイミング条件が、全ての学習者にとって最適である保証がない点である。学習者にとって最適な学習のタイミングは、学習者の置かれている状況や目的、動機付けによって大きく規定されることは明白である。つまり、わずかなバリエーションしか用意されない、固定されたタイミングで学習を要求することは、教育的には決して望ましいことではないのである。この状況を変えるためには、従来のように研究者レベルで規定され、言語的に描き出される類のタイミング条件とは、比較にならないほどバリエーションがあり、長期に通用し、自由度の大きな多種多様なタイミングを、学習者に合わせて作り出すことが不可欠になる。そのためにも、

必然的にタイミングのコード化が必要となる。ただし、複雑で多様なタイミング条件を書き出すこと自体はそれほど難しいことではない。タイミングに応じて収集される反応データを分析することで、タイミングを考慮しつつ分析結果を理解し、予測を導き出すことが容易となるコーディング法が必要になる。また、動物実験などとは異なり、学習イベントの生起が学習者の自由意志に大きく依存する日常的な学習場面では、厳密にスケジュールを規定する以上に、緩やかな統制を加えてもなお意味のあるデータが抽出できるようなスケジュールを構築することが重要となってくる。

　なお、タイミング要因を制御することの困難さの原因は、ここで説明した問題とは別に、より本質的な問題がある。それらについては、新たなスケジューリングの原理を説明する部分（第3章）で紹介する。

4.　本アプローチの全体像

　教育心理学の不毛性の問題が示すように、従来の教育心理学は、一般則や一般的な関係性は指し示しても、個人に対して意義のある情報を提供してきたとはいいがたい。その原因として、本章では「環境の多様性」「個別性」「人間の可変性」の問題を取り上げた。学術的な知識は、個人の具体的な生活の中に意味のある情報を提供できてはじめてその真価が問われるものといえる。人間や集団の一般的な特徴が明らかにされても、それが一個人の具体的な生活に適用できなければ、結局のところその特徴は一つの事例で終わってしまい、実質的に特定の個人の生活を向上させることにはつながりにくい。つまり、教育心理学の不毛性を克服するためには、膨大で多様な環境の一つひとつの影響を考慮でき、一人ひとりの個人をターゲットとし、さらにその個人の長い経験を考慮した上で、年単位で個人の反応データを収集し分析し、さらにそこから得られる有意義な情報を個別に提供できる新たな方法論が必要となる。本研究は、従来のように、多数の個人のデータをまとめて一般則

を見出すアプローチではなく、たった一人の個人の、膨大で多様な経験を考慮し、長期にわたって膨大な反応データを収集することで、個人の " 個別則 " を明らかにするアプローチを提案する。

　従来行われている実験や調査のように、ある時点においてわずかに収集される個人の反応データのみで、個人に意味のある情報を提供することが難しいことは容易に想像できる。本研究が提案するアプローチは、個人の反応データを、時間次元の要因を制御し、なおかつ多様な条件に対処しつつ長期にわたって収集することで、可能な限り高い精度で個人の個別則を推定することを目指す。多様な条件下で生起する膨大な反応データを、時間次元の要因を制御しつつ収集することの困難は上述したとおりである。個別に継続して膨大な個人の反応データを収集していくこと自体、新たな方法が必要であり容易なことではない。しかし、たとえ反応データを多数収集できたとしても、時間次元の要因を制御せず収集されたデータから意味のある情報を抽出することは困難であり、その精度が低くなることは明白である。

　以上まとめれば、本書は、個人の個別則を推定し、個人に意味のある情報を提供することを目指し、そのために、個人に関して収集される反応データの量と質を、従来とは比較にならないほど大幅に高めるアプローチを提案する。個別則を求めるアプローチにおいては、特に膨大なイベントに対して時間次元の要因を制御する方法論の確立が重要なポイントとなるため、次章では、特に時間次元の要因を制御する新しい方法論を提案する。

第3章　時間次元の要因を考慮した 新しいスケジューリング原理

1. アプローチの概要

　前章で、従来の心理学に代表される社会科学の方法論が、限定された対象に対して、限定的なタイミングで行われる単発的な実験や調査で収集されるデータに基づき議論がなされる研究基盤に依存している点に説明を加えた。単発的な実験や調査で高い精度のデータが得られたとしても、ひとたびそのタイミングやインターバルが変われば、得られるデータも当然変動するはずである。従来の方法が、長期に渡り継続する特徴を持つ人間の生活に適用できないことが、教育心理学の不毛性の原因になっていると考察した。逆に、長期にわたり連続する日常という、時系列上に想定される様々な要因を制御し、データを収集することができるようになれば、教育心理学はすぐにも意味のある情報を教育現場に提供できるようになるはずである。

　本章では、時系列上に想定できる様々な要因を制御するための方法論を提案する。時系列上に想定される要因は、これまで心理学が扱ってきた要因と異なり、ほぼ無限の条件が想定される特徴を持つ。その無限に想定される条件から、検討すべき条件を限定し、それでも膨大な数が想定される条件をコンピュータの力を借りて作り出し、その条件ごとに人間の反応データを詳細に記録収集することで、データの精度を高める方法を紹介する。実際、この方法を教育現場に適用し、得られた知見が本書の第1部で紹介されている。冒頭の図0をご覧いただければ、この方法が心理学のデータ精度を飛躍的に

高めることをご理解いただけるはずである。既に数千人単位でフィードバックされている個人ごとの詳細な到達度の変化データのような個人の時系列反応データは、これまで一切手に入らなかったデータであることに間違いない。

　見方を変えれば、本アプローチは、ひとくちに「経験」といわれる長期にわたる膨大で多種多様なイベントの集合を可能な限りコード化し、個々のイベントの効果を測定することにより、個人の反応を予測することを実現するための方法である。前章で説明を加えたとおり、現在一般的に広く行われている横断的調査は、ある時点での調査内容に関する個人の状態を表すデータを収集しており、個人の反応を予測する上で重要な時系列的な情報は排除されている。一方、特定の個人の反応を時系列的に収集していく縦断的調査は、大きな労力を必要とすることが問題とされているが、それ以上に、調査実施のタイミングや調査項目の数、調査方法が限定されざるを得ず、多種多様で膨大な量になる「経験」をデータ解析の土俵に上げることは難しい。本章では、千を超える多数の学習コンテンツの一つひとつについて、何度もなされる学習やテストのイベントの全て（すなわち数万に上るイベント）を、個別に、また長期にわたりあらかじめスケジューリングするための原理を紹介する。それは、見方を変えれば、人間の一生分の経験を秒単位でスケジューリングする方法論にもつながると考えられる。一生分の予定を立てることなどは、我々人間にとってはそれほど意味があるわけではないが、将来、人間と同様の行動をロボットや人工知能に期待する場合は、おそらく不可欠な方法論の入り口になってくれるはずである。本書では、比較的計画的なスケジュールが意味を持ってくる、学校教育の場面での適用を想定している。

　本章では、膨大なコンテンツを対象にし、また長期にわたって繰り返し同様のイベントが生起する日常の場で、さらに無限に想定されるタイミングの要因を制御し、有意義な情報を抽出するための方法として、次の 2 つのアプ

ローチを提案し、それぞれについて詳細を説明する。

①コンテンツの分離による実験の最小単位化

②新たなスケジューリング原理の確立

2.　コンテンツの分離による実験の最小単位化

　従来の学習実験では、刺激材料をまとめて学習することを学習セッションとして捉えていたが、その捉え方をあらため、一つの刺激が学習されテスト等を受けるという、一つの対象に対して生起する一連のイベントが、多数の対象について並列した集合として捉える。多種多様なイベントの全てを、「何が」「どのように」生起したかというように、コンテンツと生起条件に分解して表現し、刺激一つひとつに関して生起する一つひとつのイベントを、独立した学習やテスト等のセッションとして捉える。

　これにより、一つの実験の区切りというものを想定する必要がなくなり、個々のコンテンツがいつ、そしてどのように呈示されたのかという、タイミングと生起条件のみを実験的に制御することで連続するイベントを研究対象とすることができる。言い換えれば、個々の刺激（例えば、何千とある学習コンテンツや、調査項目の一つひとつ）ごとに縦断的な調査や実験を計画していくアプローチである。

　例えば、学習セッションで、“朝日”と“沿岸”という単語を学習し、1日おいて両単語について再認テストをし、さらに1日後に“沿岸”だけについて再認テストをするという記憶実験を想定してみる。従来の実験の捉え方で言えば、1つの学習セッションと2つのテストセッションで構成される実験と表現される。それに対して、提案するアプローチは、“朝日”という単語について、1つの学習セッションと1つのテストセッションが生起する実験と、“沿岸”という単語について、1つの学習セッションと2つのテストセッションが生起する実験が、それぞれの学習セッションの開始時点が一致し

た形で、並列して実施されたと捉える。

　このように実験を捉えることで、一区切りの実験というイメージが払拭できる。従来のように時間的なまとまりを一つのセッションとして捉えると、特定の刺激セットを学習する学習セッションと同じ刺激を含む異なる刺激セットを学習する学習セッションとは等価とは言えず、刺激セット間の類似性などを実験条件として考慮する必要がでてくることになり、どうしても実験の区切りを意識した実験しか計画できなくなる。本研究のアプローチによれば、一つひとつの刺激について、スケジュールのみを条件として考慮するのみで、実験の区切り（刺激セット）を考慮することから開放され、実験計画を構築することが可能になる。

　このアプローチと従来の実験の捉え方の違いはわずかであるが、実際の効用は非常に大きい。従来のように、「どのような刺激セット」が、「いつ」、「どのように」呈示された（学習された、テストされた）かで実験計画が立てられる場合、刺激セットの構成が異なれば、その刺激セットの組み合わせを記述しなければ、実験のスケジュールを表現することはできない。「いつ、どのように」という情報と「何を」という情報が分離できないため、長い期間のスケジュールを構築することが実質的にできず、それゆえ連続した長期の実験計画を立てることが難しかったと考える。個々の刺激について実験を計画できれば、「いつ、どのように」という条件のみで実験を記述し、計画することが可能になる。

　逆に、「いつ、どのように」というスケジュールを記述でき、刺激一つひとつに実験を計画できれば、連続する日常の場に、無数の実験を組み入れることが可能になる。

　なお、個々の学習項目ごとに実験計画をスケジューリングする場合、学習効果が学習項目ごとにある程度独立して蓄積されることが前提として必要となる。もちろん、英単語の語彙力と英文の読解力のように、基本的な知識と、それを基礎として身に付く学力などは、学習の効果が独立して蓄積していく

とは言いがたい。しかし、英単語のように、より基本的なレベルのコンテン
ツについては、学習の効果はかなり独立して蓄積されていると考えてよい研
究知見が、潜在記憶研究で多数見いだされている（Roediger & Blaxton, 1987；
寺澤, 1994；寺澤［2001］参照）。研究のアプローチとしては、基本的な知識獲
得のプロセスを押さえた後、それらとより高次とされる知識の獲得プロセス
の関係を探っていくことが妥当と考えられる。

　コンテンツを分離して実験を最小単位化するということは、具体的には、
1000 個の英単語を対象にするのであれば、その 1000 個の単語のそれぞれに
ついて、何十回という学習とテストのイベントの生起タイミングやインター
バルを全てあらかじめスケジューリングしておくことを意味している。一見
すると膨大な処理が必要になるように思えるが、実のところ、スケジューリ
ング規則が確立されれば、その規則を同様に 1000 個の単語に適用するだけ
で、コンピュータが膨大で複雑なスケジュールを生成してくれることになる。
数の問題は全く障害にはならない。そのためのスケジューリング原理は、こ
のあと紹介するが、その前にその概要を以下に説明する。

3.　新たなスケジューリング原理の確立

　先に述べた方法で長期にわたる日常の場に、実験計画法を展開するために
は、膨大なコンテンツの一つひとつについて、そのイベントが「いつ」「ど
のように」生起するのかを厳密に制御することが必要になる。逆に、一つの
コンテンツについて、「いつ」「どのように」生起させるのかが制御さえでき
れば、たとえ膨大な数のコンテンツを扱うことになったとしても、数の問題
は現在のコンピュータを用いることにより解決は可能である。問題は、「い
つ」「どのように」というスケジュールを如何に規定し、それを各コンテン
ツにひも付けし、そのスケジュールに基づき膨大なイベントを生起させるの
かという点にある。

スケジュールというと一般的に用いられる言葉であるが、実のところ、現在のスケジュールの表現方法は非常に冗長で、コンピュータの処理には一切なじまない。また、膨大なコンテンツを対象にする本アプローチの目的を達成するためには、本節で説明を加えてきた、インターバル要因の制御が可能になる形でスケジュールを定義する必要がある。

　日常の場で膨大なイベントの生起スケジュールを、どのように定義し、制御するのかという問題は、従来全く検討されてこなかった問題である。以下、膨大なコンテンツを対象にインターバルを制御するため新たに考案した実験計画法について説明を加え、続いて、その実験計画法を導入できる形で、膨大なイベントの生起をコンピュータで制御するために必要となる、スケジューリング原理とその方法に説明を加える。

4.　時間次元の要因を組み込むための新しい実験計画法

　前章では、膨大なコンテンツを対象にインターバル要因を制御する問題について説明を加えた。すなわち、学習とテストのインターバルを1か月とする学習実験を実施する場合、従来の方法では、学習セッションとテストセッションを設けその間に1か月のインターバルを挿入し学習効果を測定するのが一般的である。しかし、このような学習実験では、学習者が学習するコンテンツの数は少なくならざるを得ない。一般の教育場面で用いられている学習コンテンツは膨大な数であり、その学習を従来の実験法で実現することは不可能である。例えば、1000語の英単語を何度か繰り返し学習するためには、学習を何日かに分けて行う必要があるが、その場合、学習とテストのインターバルを一定にすることが難しくなる。さらに、一定期間にばらしてしまうと一日ごとの学習の条件を等しくすることも難しくなる問題が出てくる。

　以下では、このようなインターバル要因を制御する問題を解決するために、**種まき法（イベントスケジューリング法）**と**インターバル相殺法**の2つの方法

を紹介する。膨大なコンテンツに関して、インターバル条件を統制する方法には、今のところこの 2 つの方法がある。ただし、これらはあくまで学習とテストイベントの配置法の大枠を示すものであり、実際にそれぞれのイベントを生起させるためには、新しいスケジューリング原理とそのスケジュールに従って膨大なイベントを生起させ、それに対応させて反応データを収集するためのシステムが必要となる。

種まき法（イベントスケジューリング法）

　ここで紹介する方法は、コンテンツが 1000 個であっても、2000 個であっても、繰り返しの数が 5 回でも、50 回であっても、あるコンテンツに関するイベントが、全て一定のインターバルで生起するように、なおかつ、1 日あたりの反応は数分程度で完了できるスケジュール構成法である。

　すなわち、インターバル要因を統制するための一つの方法は、学習イベントの生起を一定の期間に散らばせるのに対応させて、評価イベントも一定の期間を設けて散らばせる方法である。さらに、ばらばらになった個々の学習や評価イベントの生起条件（例えば、学習に要する時間や量、テスト問題の難易度）をできる限り等しくすることである。学習イベントや評価イベントが個々ばらばらになったとしても、その個々のイベントの生起条件（学習やテストの条件など）が等しくなれば、評価期間が全て終わった後に、個々の評価イベントの成績をまとめて集計すれば、全ての学習コンテンツについて一定のインターバルを確保し、なおかつ一定の学習・テスト条件下での学習の効果を推定することが可能になる。

　具体的な方法を図 2-3-1 を用いて説明する。図 2-3-1 で説明するスケジュールは、実際に、高校生を対象として、高校生が学習している英単語を材料として、半年以上にわたって単語カード的英単語学習を継続してもらった長期学習実験で導入したスケジュールである。この例では、全ての単語はある日に 1 回～ 16 回（繰り返し条件）学習をし、2 か月のインターバルをおいて

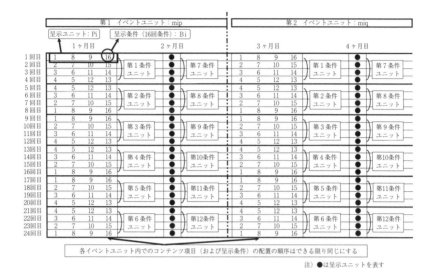

図 2-3-1　種まき法とインターバル相殺法のためのイベントの配置例

　それぞれについてテストがなされる、学習とテストのイベントが連続して生起していくスケジュールを生成するための方法を示している（1か月を 24 日とみなしている）。

　繰り返しの効果を検出できるようにこのスケジュールで実験を実施する場合、通常の実験方法によれば、ある日一斉に、全繰り返し条件に単語を複数個割り振り、それぞれの繰り返し回数の単語学習を要求し、その 2 か月後に一斉に全ての単語に関してテストをすることになる。しかし、各繰り返し条件に、例えば 12 個の単語を割り当て、1 回の学習に 5 秒かかるとすれば、学習はのべ 1632 回、連続して学習したとして 136 分の時間を必要とする。これを一律高校生に要求することは不可能といえる。

　そのため、まず、学習イベントが一定の期間（**イベントユニット**と呼ぶ）の間に生起するように割り振る（例では 2 か月）。この際、学習時間などの条件は毎日ほぼ等しくなるよう、繰り返し回数の組み合わせをいくつか作る（図

の例では、4 日間で全ての条件が生起するようにしている。比較検討したい全ての条件が配置される期間を**条件ユニット**と呼ぶが、これは後述するインターバル相殺法においても利用される）。さらに、2 か月のインターバルの後に、学習のイベントユニットと同程度の期間（3、4 か月目）に評価イベントをセットする。ここで、学習イベントで現れた単語の順番と同じ順番でテストイベントが生起するようにスケジュールを組み立て、なおかつ、テストがなされる条件がどの日もできる限り等しくなるようにテストを設ける。これにより、全ての単語に関して、学習から 2 か月のインターバルをおいてテストがなされることになる。

　また、4 日間の条件ユニット内（例えば、1 か月目の 1 日目から 4 日目）にばら撒かれた 1 から 16 回の繰り返し条件の一つひとつに 1 個の英単語を割り当てれば、3 か月目の 1 〜 4 日目が終了した時点で、1 から 16 回の繰り返し条件に対する反応がそれぞれ 1 個ずつ収集される。さらに 3 か月目の 5 〜 8 日が終了すればまた 1 個ずつ各条件に対応する反応が増えていく。最終的に、4 か月が終了する時点では、条件ユニットの数（この例の場合 12 ユニット）、つまり 12 個の反応データが収集されることになる。これらの反応データは、どれも学習から 2 か月経過した時点で、同様のテスト条件で収集されたデータとなる。この反応データを条件ごとにまとめて平均値を求めれば、学習セッションとテストセッションを設ける従来の学習実験で収集されるデータと同等のデータが得られることになる。

　このように、イベントが生起する期間を設け、そこに種をまくように個々のコンテンツのイベントを配置し、その配置と同様に評価イベントを配置することで、評価イベントの全期間を終了した時点で、全コンテンツに対する反応データを「収穫」することができる。「種まき法」はこのような意味を表した名称である。

インターバル相殺法

　前述した種まき法は、学習イベントを散らばせて配置するのと同様に、テストイベントも一定の期間を設けて散らばらせ、反応データを収集する方法であるが、日常的な教育の場では、学習イベントは散らばすことができても、テストは短期間で実施しなければならないことが多い。単元テストのように、ある学習期間が終了するごとに、大まかな到達度の把握をしなければならないことはよくあることである。その場合、テストイベントを散らばす期間を設けることができず、その結果、全てのコンテンツについて学習とテストのインターバルを等しくすることができなくなる。インターバル相殺法は、このような状況でも、インターバルの要因の影響を排除して、学習の効果を検討できる方法である。

　テストイベントを散らばせることができない状況では、インターバルの違いの影響は必然的に成績に含まれることになる。インターバル相殺法は、必然的に含まれるインターバルの効果を、成績を比較したい条件間で等化し、相殺する方法である。言い換えれば、実験心理学のカウンターバランス法をインターバル条件に適用する方法である。

　もちろん、現在の一般的なテストでは、テスト項目がいつ学習されたものなのかは一切考慮されていない。1日前に学習した内容と1週間前、1か月前に学習した内容がでたらめにテストに出てくるようになっている。それに対して、インターバル相殺法は、テストを構成するテスト項目が、そのテストよりどのくらい前に学習されたものであるのかをあらかじめ統制し、ひとまとまりのテスト問題に出てくるテスト項目が、どのテスト問題であっても同程度のインターバルの効果を含んだ問題になるよう、テストを構成する方法である。例えば、3つのテスト（例えば、多肢選択式の3種類のテスト）を構成する場合に、それぞれのテストで現れる問題の中に、学習からのインターバルがほぼ等しい問題を、同数組み入れることでインターバルの効果を相殺することができる。ここで、前述した条件ユニットが再度意味を持ってくる。

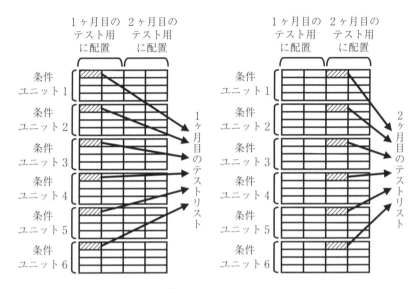

図 2-3-2　インターバル相殺法のための単語（学習イベント）の配置例
（学習期間の効果を比較する例）

　具体的な方法を図 2-3-2 で説明する。ここでは説明を簡単にするため、学習イベントを散らばせる期間（イベントユニット）を 1 か月（24 日）とし、学習イベントが同じ順序で繰り返されるタイミングで学習がなされるとし、1 か月が終了するごとに多肢選択式の客観テストが繰り返されるスケジュール条件を考慮する。

　テストを作成する以前に、まず学習イベントを散らばせる期間をさらに小さく区切る。図では 4 日間ごとに 6 つのユニットに分けている（図の各セルは一つの単語に対応すると考えていただきたい）。その上で学習を 1 か月行った時点で、6 つの各条件ユニットに割り振られた単語から、それぞれ一つずつ単語を抽出し、それで 1 か月目のテストリストを作成する（左図）。さらに、2 か月が終了した時点では、2 か月目のテスト用に配置しておいた別の単語セットの単語（右図の斜線の単語）を抽出しそれから 2 か月目のテストリストを

構成する。その上で1か月目と2か月目のテストの成績を比較すれば、両テストの成績にはインターバルの効果が同等に含まれ、両テストの成績の差には、1か月目になされた学習の効果が検出されることになる。すなわち、テストリストの問題を、各条件ユニットから同数ずつ抽出し成績を算出すれば、インターバルの効果は相殺され、学習の効果のみ検出できることになる。

　なお、図2-3-2における1か月目のテストリストを、再度2か月目のテストリストに代えてテストとして用いることも可能である。しかし、その場合、2か月目のテスト成績には、1か月間の学習に加えて、テストで呈示された学習の効果が含まれることになり、厳密に学習イベントのみの効果の変化を描き出すことができない。図のようにあらかじめセットA, Bという区別をしておき、各セットからテスト項目を抽出すれば、テストを受けることによる学習効果を排除して純粋に学習効果の積み重ねを描き出すことが可能である（ただし、単語セットが変わるため誤差が増えることにもなる）。

　さらに、図2-3-1に示したスケジュールの1か月目の条件配置のように、学習期間の他に、毎日の学習の繰り返し回数の効果も客観テスト等で検討したい場合は、図2-3-3に示したように、条件ユニット内に、比較したい呈示条件（図では、A, Bという条件）が必ず含まれるように条件を配置し、客観テストでは、それぞれの条件について、各条件ユニットから同数のテスト項目を抽出しテストを構成することで、学習とテストのインターバルの効果を相殺した上で、さらに詳細な成績の比較をすることが可能になる。

　換言すれば、各月のそれぞれの条件ユニット内に、繰り返し回数のような呈示条件（例えば、1〜8回の繰り返し条件）の全てが含まれるように学習イベントを配置し、呈示条件ごとに、各条件ユニットから同数の問題を抽出しテストを構成し、成績を集計すれば、呈示条件ごとに、インターバルの効果を相殺させ、学習期間に対して到達度がどのように変化していくのかを描き出すことも可能である。

　このように、比較したい条件間でインターバルの効果を相殺し成績を集計

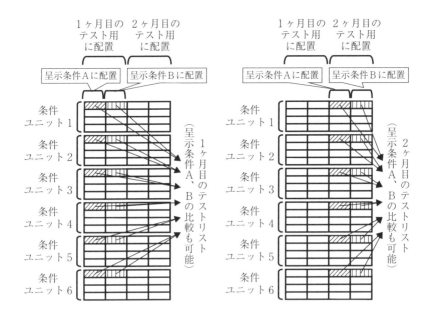

図2-3-3　インターバル相殺法のための単語（学習イベント）の配置例
（学習期間に加えて、呈示条件の違いを検討したい場合の例）

条件ユニット内に検討したい複数の呈示条件を配置し、テストでは、各条件ユニットから同数の問題を抽出しテストを構成し、成績を集計することで、インターバルの要因の影響を相殺することが可能になる。

する場合に上記の方法は有効になるが、それ以外に、客観テストが多肢選択式の問題である場合などは、テストを構成する問題の組み合わせが成績に影響を与える。つまり、多肢選択式のテスト問題を作る場合にも、一つの問題を構成する際には、各呈示ユニットから同数の問題を抽出し、それにより一つの問題を作成することで、一つのテスト問題の難易度にインターバルの影響が反映されないように工夫することが望ましい。

5. マイクロステップ・スケジューリング技術

新たなスケジューリング原理の必要性

　これまでに、学習（授業）セッションとテストセッションを設け学習や授業などの効果を検討する従来の実験計画法では、膨大な学習内容を対象に実験を計画することが実質的に不可能であるという問題が示された。また、日常の学習の場は、同一の学習内容について何度も学習やテストが連続してなされる特徴をもち、その日常の連続性に従来の心理学的な実験研究や調査研究が対応できていないという問題を示した。

　まず、それに対して本書では、日常の連続性に対処する方法として、**コンテンツの分離による実験の最小単位化**を提案した。すなわち、記憶実験であれば学習リストやテストリスト、調査研究であれば調査項目リストといった、リストやセットという概念を排除し、一つひとつの刺激（質問項目）ごとに実験計画を立て、従来の実験を、最小単位化された無数の実験が並列したものとして捉える方法である。このように捉えることにより、一つひとつの刺激（コンテンツ）ごとに「いつ」「どのように」イベントが起きたのかを記述することだけで、全ての出来事（経験）を表現することが可能になる。それによれば、実験を計画するということは、すなわち「いつ」「どのように」という条件が一致するコンテンツをグルーピングする作業になる（イベント間のインターバルやタイミング、呈示条件など、生起スケジュールが等しいコンテンツをグルーピングすることで従来の実験と同様の操作は可能になる）。

　さらに、前節では、膨大な学習コンテンツを対象にイベント間のインターバルを制御するための方法として、種まき法と、インターバル相殺法を提案した。この２つの方法は、膨大な学習内容を長期間かけて学習するような場合に制御が必要となる、インターバル要因を制御するための新しい実験計画法である。

　これらの考え方に基づいて実験を計画するためには、「いつ」「どのように」イベントが生起するのかを、刺激（コンテンツ）ごとに制御できる必要がある。例えば、種まき法に従ってコンテンツを図 2-3-1 のように配置するためには、半年以上に渡って、何千というコンテンツの一つひとつがいつどのように生起するのかを計画する必要がある。さらに、インターバル相殺法を導入する場合には、テストと学習のスケジュールを個々のコンテンツごとに対応させ、反応データを収集する必要が出てくる。

　何千という英単語を何年もかけて学習する、一般の学習の場に実験計画法を展開するためには、何千というコンテンツの一つひとつについて何か月にもわたる期間の間に、どのようなイベントがいつ生起するのかをあらかじめ統制する必要が出てくる。すなわち、何千というコンテンツの一つひとつについて、長期にわたる詳細なスケジュールを計画し、それに沿って学習やテスト、調査のイベントを生起させ、かつ反応データを収集、記録、分析する必要がある。このような作業を人間の手で行うことは到底不可能である。つまり、この一連の作業が実現できるコンピュータシステムを構築する必要がある。

　ところが、上記の作業のうち、スケジュールの生成とそれに従ってイベントの生起を制御する作業は、これまでどの分野でも扱われてこなかった作業である。スケジュールというと一般的になじみがあり、心理学の領域でも強化スケジュールなど、定義がなされているものも存在するが、現在使われているスケジュール表現は全て、膨大で、長期にわたるスケジュールを扱うためのコンピュータ処理には一切なじまないものである。

　また、膨大なコンテンツを対象に時間次元の要因を制御するためには、前節で紹介した、種まき法やインターバル相殺法に従ってコンテンツを配置することが不可欠となる。単にスケジュールを作るだけでなく、前節で紹介した新しい実験計画法を組み入れたスケジューリングを実行できる必要も出てくる。

　以下では、これまでスケジュールという概念がいかに冗長に扱われてきたのか、また、厳密な制御が難しい、人間の行動を規定するスケジュールを定義する場合の問題などを紹介し、その上で新たなスケジューリングの原理とその方法を提案する。

スケジュールとタイミング要因

　「スケジュール」というと日常的によく用いられる概念であるが、実のところ、一般に使われているスケジュールの表現方法は、非常に冗長で、コンピュータの処理には一切なじまないものである。例えば、「3 日に 3 回」のペースで勉強をしていくというスケジュール表現はよく使われるが、このような表現では、いつ学習イベントを生起させればよいのかを特定できない。

　具体的には、「3 日に 3 回」のスケジュールだけでも、学習を行う日と繰り返し回数の組み合わせで 3 日分だけを表現しても、代表的なものだけで表 2-3-1 の A ～ D の条件がある。このスケジュールを 1 時間を単位に表現すれば、さらに膨大なスケジュールが想定される

　あるイベントがいつどのように生起するのかを表現するため、時々刻々と変化する株価の変動のように、1 日を秒単位に区切り、そのいつの時点でイベントが生起するのかを指定すれば、明確なスケジュールを表現することができる（つまり、「いつ」という条件のみでスケジュールを記述することはできる）。しかし、スケジュールを表現することができても、特定のイベントの経験を特定の時刻に人間に対して生起させることは非常に難しい。1 秒単位はもちろん、1 時間単位、1 日単位ですら、特定の時刻や日に特定の行動を厳密に人間に行わせることは困難である。

　また、人間が行うイベントは、それに要する時間を厳密に制御することも難しい。例えば、一つの文章を読むというイベントでも、それに要する時間は年齢や読解力によってまちまちになる。また、読む時間も反復すれば短くなる。すなわち、人間が関与するイベントは、それ自体が時間的幅を持ち、

かつ時間幅が経験に対応して変動するため、そのタイミング条件を厳密に制御することが難しい特徴を持つ。それゆえタイミング条件のみで人間の行動（経験）のスケジュールを表現することは必ずしも理にかなった方法とはいえない。逆に、そのような理由から、私たちは日常的にスケジュールを「3日に3回学習する」といった冗長な表現で表してきたのかもしれない。いずれにしても、現在一般的に用いられているスケジュールの表現は、直感的には理解しやすいが、冗長な表現であることは明らかである。

　現在一般的に用いられているスケジュールの表現は、いつ学習を行うのかといった、学習などのイベントが生起するタイミング（以後、タイミング条件と呼ぶ）と、何度繰り返し学習するのかといった、特定のイベントの生起条件（以後、呈示条件と呼ぶ：繰り返し回数という条件は代表的な呈示条件である）が独立していないことが、人間の様々な経験を科学的にとらえることを困難にしている。

　例えば、「3日に3回」のペースの学習スケジュールと「3日に1回」のペースの学習スケジュールのような、スケジュールの違いの影響を検討することなどは非常に困難な作業になる。この2つのスケジュールに従ってそれぞれなされた学習に起因する成績の差を検討したい場合、3回と1回の違いには、繰り返し回数の違い以外に、学習のタイミングの違いが含まれてくることがあり、その両者を考慮する必要が出てくる点が問題となる。

　具体的には、表2-3-1のスケジュールBと、3日間の中で1回学習イベントが起きるスケジュールEを比較するとその問題を理解できる。スケジュールBとEの学習回数の差は2回であるが、スケジュールBで余分になされる2回の学習の効果は、単純に2回余分に学習を行った違いのみには帰属できない。すなわち、“1回目の学習から2日おいてなされた”2回の学習の効果が成績に現われてくることになる。同様に、表2-3-1のスケジュールBとDに従ってなされた「3日に3回の」学習の効果を後のテストの成績で比較し、そこに差が出た場合、その原因を、単に繰り返しの数の違いだけに

表 2-3-1　スケジュール条件の種類

スケジュール	1 日目	2 日目	3 日目	4 日目	5 日目	6 日目
A	1 回	1 回	1 回	-	-	-
B	1 回	0 回	2 回	-	-	-
C	2 回	0 回	1 回	-	-	-
D	3 回	0 回	0 回	-	-	-
E	1 回	0 回	0 回	-	-	-
F	3 回	0 回	0 回	1 回	1 回	1 回

帰属できないことは明らかである。

　なお、学習の効果を検討する場合、同じ 3 回の学習であっても、学習する
タイミングが異なることによって学習効果が変わってくることは、古くから
ある分散学習と集中学習に関する研究で明確になっている（北尾, 2002）。つ
まり、タイミングの違いが人間の行動に影響を持つことは明らかであり、そ
れを排除して人間の行動を理解、予測することは難しいといえる。

　本書では、このような様々なタイミングの違いを、**タイミング要因**と呼ぶ
が、従来のスケジュールの捉え方では、スケジュールの違いに繰り返し要因
とタイミング要因が混在することになり、スケジュールの違いを厳密に捉え
ることが困難になってくる。一定の期間内になされるイベントの効果を検討
する場合には、イベントの生起条件（呈示条件）とは別に、時間軸上に想定
される条件も考慮して結果を解釈することが必要となるが、実際その解釈は
かなり困難なものになる。

　さらに困難な問題は、例えば表 2-3-1 のスケジュール F のように、学習期
間が 6 日と長くなれば、そこで想定できるスケジュールは、上記 ABCD の
スケジュールを組み合わせただけでも膨大な数に上る問題である。また、一
般的な学習は年単位でなされる特徴を持つ。そのような長い期間を想定した
場合、上記のような学習やテストイベントの生起スケジュールは無限に想定
されるという問題もある。また、タイミングの違いはこれまで分散／集中と

いった 2 分法的な表現や、イベント間の遅延時間のパターンなどでしか扱われておらず、研究の枠組みが十分提供されているとはいえない。

　本章で紹介してきたインターバル要因や、上記のタイミング要因など、時間軸上で想定される様々な条件については、その表現はもちろん、その条件を制御する方法などは一切提案されてこなかった。本書では、このように時間軸上で想定される要因を**時間次元の要因**と呼び、それらの要因をいかにして制御するのかに説明を加えている。

呈示ユニットによる呈示条件とタイミング条件の分離

　前述したように、現状におけるスケジュールの表現は、「いつ」「どのように」といったタイミング条件と呈示条件（生起条件）が明確に分離できない表現になっている。スケジュールを厳密に捉えるためには、このタイミング条件と呈示条件を分離して表現することが必要である。また、人間の行動スケジュールを制御する上で、1 秒ごと、1 分ごと、1 時間ごとといった、厳格な時間単位でスケジュールを表現することは理にかなったことではない。そこで、寺澤（2006）は、1 秒、1 時間単位といった物理的な時間の単位とは異なり、人間が特定のイベントを実行する時間の単位を "呈示ユニット" として任意に特定し、その単位時間内（一般的な学習イベントの場合は 1 日程度が妥当な単位）に、特定のイベントが生起するかしないかによって、タイミング条件を規定すること。およびその単位時間内に生起するイベントの数は、全て繰り返し回数という、呈示条件に変換するルールを設けることで、スケジュール条件を、タイミング条件と呈示条件の 2 次元の要素に分解して捉える方法を提案している。

　言い換えれば、まず、一般に「経験」といわれているものを、あるコンテンツ（刺激）が、様々な生起条件で、様々なタイミングで生起するイベントの集合が、膨大なコンテンツについて並列して生起しているものとみなす。さらに、個々のコンテンツが生起するスケジュール条件を、タイミング条件

と呈示条件の 2 つに分離し、その組み合わせとして表現する。すなわち、次のように経験とスケジュールを捉える。

経験 $\begin{cases} コンテンツ 1 がスケジュール条件 1 で生起していくイベントの集合 \\ コンテンツ 2 がスケジュール条件 2 で生起していくイベントの集合 \\ コンテンツ 3 がスケジュール条件 3 で生起していくイベントの集合 \end{cases}$

・・・・・

・・・・・

$$\boxed{スケジュール条件} = （コンテンツ）\times \boxed{\begin{array}{c}タイミング条件\\（いつ）\end{array}} \times \boxed{\begin{array}{c}呈示条件\\（どのように）\end{array}}$$

　ここで、スケジュール条件をタイミング条件と呈示条件の 2 つに分離するために必要となるのが呈示ユニットである。呈示ユニットは単なる物理的時間の単位ではなく、特定の経験をスケジューリングする場合に、最小のイベントが生起する時間単位を適宜定義したものである。英単語の学習であるなら、何日もかけて習得することが一般的で、1 日に何百回も同じ単語を学習することはあまり想定できない。従って、1 日を呈示ユニットにすることが一般的であろう。シューティングゲームのように、引き金を引くか引かないかというようなイベントに直前の数秒前のイベントが影響するようなコンテンツの場合には、1 秒をイベントの呈示ユニットに想定してそのタイミングの影響を分析することも考えられる。

　何より呈示ユニットは、一般的に使われているスケジュールを、タイミング条件と呈示条件の 2 つに分離する上で不可欠な概念である。つまり、呈示ユニットを想定し、その単位時間内に、特定のコンテンツに関するイベントが生起するかしないかによって、タイミング条件を規定するルールを設けることで初めて、タイミング条件と繰り返し回数に代表される呈示条件を分離

	1日	2日	3日	4日	5日	6日	7日	8日	9日	10日
スケジュールA	1回	1回	1回	1回	1回	1回	1回	1回	1回	1回
スケジュールB	5回			-	-	5回				-
スケジュールC	1回			-	-	1回				

図2-3-4　スケジュールの例

	呈示条件	1日	2日	3日	4日	5日	6日	7日	8日	9日	10日
スケジュールA	1	1	1	1	1	1	1	1	1	1	1
スケジュールB	5	1	0	0	0	0	1	0	0	0	0
スケジュールC	1	1	0	0	0	0	1	0	0	0	0

タイミング条件

図2-3-5　タイミング条件と呈示条件に分離しコーディングされたスケジュール条件の例

して表現することが可能になる。

　例えば、図2-3-4に示すように、スケジュールAのように1日1回ずつ学習をしてそれを10日間続ける場合と、スケジュールBのように初日と6日目に5回ずつ学習する場合は、どちらも合計10回の学習を意味するが、それぞれのスケジュールの学習の質は明らかに異なる。

　これらのスケジュールを、以下のように、タイミング条件と呈示条件（この例では、学習回数を表す次元）の2つに分けて考える。すなわち、1つの英単語に関するイベントが生起する最小期間（呈示ユニット）を1日とした場合、10日間に含まれるその最小期間におけるイベントの生起の有一無を、その繰り返し回数や各種条件の種類に関わりなく1，0に対応させることにより、その期間の特定のイベント生起のタイミングの条件を表現（コード化）する。具体的には図2-3-4のスケジュールAは、図2-3-5に示したように、(1，1，1，1，1，1，1，1，1，1)、スケジュールBおよびCは (1，0，0，0，0，1，0，0，0，0) のようなコードで表現される。これによるとスケジュールBとCはタイミング条件に関しては同じであるが、繰り返し回数という呈示条件の次元に

違いがあるという捉え方になる。

　なお、呈示条件の種類には、繰り返し回数の他、呈示される時間（例えば、3秒間呈示）、呈示される時点で要求される処理（学習法、教授法、課題など）等々様々なものが考えられ、それらの表現方法は様々考えられるが、それらの呈示条件の表記方法とタイミングの条件の表記を組み合わせることにより、不特定のタイミングで生起するイベント（つまり特定のコンテンツに関するイベントの集合）を全て表現することもできると考えている。

　さらに、タイミング条件と呈示条件の組み合わせ（マトリックス）に、コンテンツ（の次元）を組み合わせたマトリックスを想定することで、人間の「経験」を全てコード化し、分析対象とすることができる。経験をコード化する作業において、スケジュール条件をタイミング条件と呈示条件（繰り返し回数条件）に分離することは非常に大きな意味を持つ。

　以上まとめると、スケジュールを科学的に扱うために、イベントが生起する最小期間を呈示ユニットとして規定し、その上で、従来スケジュールといわれてきた条件を、タイミング条件と呈示条件の2つの次元に分け、独立させてその影響を検討することを提案する。

タイミング条件の定義方法

　繰り返し回数や学習法などの呈示条件は従来から様々な条件が想定され、その効果などが検討されているが、タイミング条件については、その定式化はなされていない。図2-3-5で示されているように、タイミング条件を、時間軸に沿った1，0のパターンで表現することは可能であるが、それだけでは、前節で説明を加えた、種まき法やインターバル相殺法を実現できるようにイベントを配置することは難しい。それゆえ、新たな実験計画法を導入し時間次元の要因を統制できるようなタイミング条件（すなわち、1，0のパターン）を生成するための記述ルール（コード化）が別途必要になる。

　また、1，0のパターンで表されるタイミング条件は、想定する期間が長

くなればそのパターンそれ自体を記述することが困難になってくる。複雑で長期にわたるタイミング条件を研究対象とするためには、タイミング条件の記述（生成）ルールを考案し、コンピュータを利用しその条件自体を自動生成することは不可避ともいえる。

　ところで、想定する期間と呈示ユニットの捉え方によっては、タイミング条件はほぼ無限に想定できる。そして、それはスケジュールを独立変数として扱うことを困難にする。例えば、1 日を呈示ユニットとした場合、1 年間に想定できるタイミング条件の種類は 2^{365} 個になる。それら全てを独立変数とすることは現実的ではない。スケジュールを研究の土俵に上げるためには、スケジュールのバリエーションに制約を加えることが必要である。言い換えれば、タイミング条件は、特定の条件の効果を議論するスタイルをとる一般的な研究パラダイムにはなかなか乗らない特徴をもつ。それゆえ、全てのタイミング条件を研究対象とせず、現象の解釈が容易となるタイミング条件にある程度限定して実験データを収集し、一般的な傾向を議論していく研究スタイルを当初はとるべきであろう。

　さらにまた、1，0 のパターンで表現できるタイミング条件をそのまま厳格に適用しても、人間がそのタイミングで行動を生起することはまずあり得ない。一般的な学習事態でも、1 日おきに学習をしていくことを学習者に求めることは実質不可能である。病気になったり、やる気がなくなったり、時間がなかったりすることで、スケジュールがずれることは日常茶飯事のことである。つまり、人間の行動を制御するためには、前述した 1，0 で表されるタイミング条件ではなく、より緩やかにイベントの生起を制御でき、できる限りわかりやすいタイミングの表現方法が必要である。

　以下では、そのようなタイミング条件の表現法に説明を加える。すなわち、イベントユニット、インターバル、条件ユニット、遅延（delay）の概念に基づき、多様で複雑なタイミング条件を表現する方法である。この表現法は、前節で紹介した、種まき法やインターバル相殺法を導入することを前提とし、

さらに、自由度の高い日常生活になじむ形でタイミング条件を表現するための方法である。

1）基本となるタイミングの反復でタイミング条件を表現する

　長期のタイミング条件を生成するため、まずは、研究対象とするタイミング条件をある一定の間隔でイベントが繰り返し生起するタイミング条件に限定することが有効である。1 日に 1 回のペース、3 日に 1 回のペース、1 日勉強したら、4 日間を空けて繰り返すペースなど、あるペースを定義し、それに加え、いつまでそのペースを繰り返すのかという最大期間を規定することで、タイミング条件を表現する方法を採る。基本となるタイミング条件のパターンを繰り返し生成することは、コンピュータが得意とする処理である。ただし、この方法のみでは、単純なタイミングが繰り返されるタイミング条件しか扱うことができない。より複雑なタイミング条件を生成するためには、後述する、入れ子方式のタイミングの表現ルールが必要となる。いずれにしても、以下に示す最小のタイミングの記述ルールが基本となる [4]。

2）インターバル

　あるイベントの開始から次のイベントが起きる前までの期間をインターバルと呼ぶ。前述した呈示ユニットを単位として表現するため、インターバルは、呈示ユニット以上の期間になる（図 2-3-6 参照）。例えば、1 日勉強したら 4 日休むというスケジュールの場合（図 2-3-5 におけるスケジュール B の場合）、1 日を呈示ユニットとして想定すれば、5 日（呈示ユニット）をインターバル

---

4)　本書で説明する、呈示ユニット、インターバル、イベントユニット、条件ユニット、遅延（delay）という概念を導入することで、複雑で多様なタイミング条件を表現することが可能となる。これらを定義し、実際に複雑なタイミング条件を自動生成するアルゴリズムは、寺澤（2004：スケジュール作成方法及びスケジュール生成システム及び未経験スケジュール予測方法並びに学習スケジュール評価表示方法（PCT 出願特許：PCT/JP2004/006487））で紹介されている。

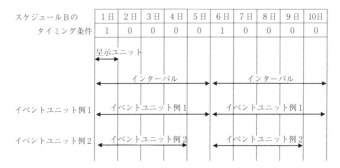

スケジュールBの	1日	2日	3日	4日	5日	6日	7日	8日	9日	10日
タイミング条件	1	0	0	0	0	1	0	0	0	0

図2-3-6　呈示ユニット、イベントユニット、インターバルの説明

として想定したスケジュールといえる。

3) イベントユニット

　膨大なコンテンツに関するイベントが生起するタイミングを統制する、種まき法を実現するための枠組みとして、イベントユニットを想定する。膨大なコンテンツをまとめて呈示することが難しいとすれば、コンテンツをある期間に散らばす必要が当然出てくる。その期間がイベントユニットになると考えればよい。イベントユニットは、呈示ユニット以上に長く、かつ、想定する期間の中で設定されるインターバルの中で最も短いインターバルの期間以下に短い一定の期間となる。

　例えば、英単語の学習を1年間行い、最初の半年は2か月に1度のタイミングで学習を行い、残りの半年は1か月に1度のタイミングで学習を行う場合を例として考えてみる。この場合、最小のインターバルは1か月であるゆえ、タイミング条件を統制するためには、コンテンツをばら撒く（配置する）期間は、最長で1か月にしなければならない。1か月を超えるイベントユニットを設定した場合、コンテンツに関するイベントの生起のタイミングを厳密には統制できなくなる。

　なお、イベントユニットは考慮するイベントが最初に生起した時点を起点

として全て固定され、イベントユニットはどれも同じ長さの期間であるのが一般的であろう。

　図 2-3-6 には、図 2-3-2 のスケジュール B に対応して設定できるイベントユニットの例を 2 つ示した。ここで注意が必要な点は、イベントユニットは必ずしもインターバルと等しくなくてもよいということである。図 2-3-3 のイベントユニット例 2 のように、インターバルよりも短い期間内にイベントを散らばせても問題はない。

　イベントユニットはイベントを散らばせる期間ともいえるが、それは単なる期間ではなく、その期間の設定に一つの制約がある点が重要なポイントとなる。

4）イベントユニット内でのタイミング条件の限定

　イベントユニット内でコンテンツを生起させる場合、一つのコンテンツが 1 イベントユニット内で 1 度だけ（1 つの呈示ユニットだけで）生起するというルールを設ける。このルールは、以下で説明する 3 つの側面で非常に重要な意味を持つ。

　このルールを設けることの第 1 の意義は、一般的に使われているタイミングの表現方法を用いつつ、その冗長性を排除することにある。例えば、表 2-3-1 のスケジュール A,B,C,D は、どれも 3 日間に 3 回学習するスケジュールであり、3 日間をイベントユニットとして学習イベントを散らばせる点では同等のスケジュールであり、区別することはできない。それに対して、「イベントユニット内で、1 つのコンテンツは 1 呈示ユニットでのみ生起させる」というルールを設けると、「3 日に 3 回」のスケジュールは、表 2-3-1 のスケジュール D のみに限定されることになる。このルールを設けることにより、一般的に使われている、「3 日に 3 回」といったタイミングの表現を用いつつ、冗長さを排除することができる。

　このルールを設ける第 2 の意義は、タイミング条件と繰り返し条件の影響

を分離して結果を解釈できるようにする点にある。先に説明したように、表2-3-1 に例示されたスケジュール A,B,C,D はどれも 3 日間の中で 3 回学習を行うスケジュールであるが、それらと、3 日間の中で 1 回学習イベントが起きるスケジュール E の効果を比較検討する場合を想定すると分かりやすい。スケジュール A,B,C,D とスケジュール E の学習回数の差は 2 回であるが、余分になされる 2 回の学習の効果は、スケジュール D 以外は、単純に 2 回の繰り返しの効果とはいえない（例えば、スケジュール B と E の 2 回の学習の違いの効果には、"1 回目の学習から 2 日おいてなされた" 2 回の学習の効果が成績に現れてくることになる。つまり、スケジュール D 以外のスケジュールでなされた学習の効果には、繰り返し回数の影響以外に、イベントユニット内の「いつ」学習がなされたのかというタイミング要因の影響が現れてくることになる。逆に、上記のルールに合致する、スケジュール D やスケジュール E にタイミング条件を限定すれば、それぞれのスケジュールで生起するイベントの効果を検討するときに、イベントユニット内でのタイミングの違いを考慮することなく、スケジュールの効果を議論することができる。

　説明を変えて、表2-3-1 のスケジュール B のように学習を繰り返し、さらに 3 日が終了するごとにテストをしていったとする。そのテストの成績をグラフにプロットしていけば、3 日に 1 回のペースで時系列データがプロットされ、時系列的な変化を描き出し、学習者にフィードバックすることは可能である。ところが、その変化を引き起こしている実際の学習条件を学習に厳密に説明することは難しい。また、表2-3-1 のスケジュール B とスケジュール C に従って学習がなされ、同様にして時系列的な変化パターンがそれぞれ得られたとしても、両者の学習スケジュールの違いは何にあるのかを限定することは困難である。それに比べて、スケジュール D と E のスケジュールにより 2 つの異なる時系列データが得られた場合、その違いは、1 日の中で行われた 2 回の繰り返し回数の違いに帰属させることができる。このよう

に、上記ルールは、学習効果の時系列的な変化の原因を特定する場合に重要な役割を果たすことになる。

　このルールを設ける第３の意義は、コンピュータが具体的に個々のコンテンツごとに詳細で長期にわたるスケジュールを生成、修正、再構築する場合に生まれてくる。

　例えば、1000 個の英単語を半年間で 30 回ずつ学習するスケジュールを表現する場合、一般的には、次の (a) (b) に例示するような２種類の表現方法が用いられる。すなわち、(a) 一つひとつの英単語について、いつどのような条件で呈示されるかを指定する方法と、(b) 暦に対応付けてどの英単語がどのような条件で呈示されるのかを指定する方法である。

(a) 一つひとつのコンテンツごとに、いつどのように学習を受けるのかを記述する方法

measure は２日目、４日目、６日目に３回ずつ

memory は１日目、10 日目、20 日目に２回ずつ

・・・・・・・・

(b) 暦に対応づけ、一日ごとにどのコンテンツをどのように呈示するのかを記述する方法

１日目：memory を２回、psychology を３回、○○○○

２日目：measure を３回、technology を５回、○○○

・・・・・・・・

本書で紹介されている長期学習実験で、最終的に生成されているスケジュールは、(b) の形式で生成された詳細なリストの形で提供される。つまり、１日ごとに、どの単語がどの順番で、どのように呈示され、それぞれどのような反応データを収集するのかが規定された一つのテーブルが作られ、それに従って全ての処理がなされるしくみになっている。つまり、最終的には、上記 (a) (b) のようなスケジュールテーブルが必要となってくるわけである。しかし、このような表現で実験開始前に１年分のスケジュールテーブル

を用意するとなると、膨大なテーブルを事前に全て生成しておくことが必要
となり、学習の途中でコンテンツを入れ替えたり、スケジュール条件を変更
したりする場合には、その都度大規模なスケジュールテーブルの再構築が必
要となる。特に、一般的な学習場面では、スケジュール条件の変更や修正な
どは頻繁に起きることである。その都度全てのスケジュールテーブルを入れ
替えたりすることは避けたい。また、一般的な学習では、いつまで学習を継
続するのかを事前に決めておくことは難しい。当初、最大3か月間のスケジ
ュールで学習を計画したのに、3か月経過した時点でもう少し学習を継続す
る必要が出てくることはよくあることである。日常的な学習の場面では、こ
のようにかなり柔軟にスケジュールを扱えることがコンピュータシステムの
要件として重要となってくる。その意味で、上記 (a) (b) のようなテーブ
ルをあらかじめ生成するのではなく、柔軟にスケジュールの変化に対応でき
るようなシステムを構築する必要がある。

　この問題を解決する上で、前記のルールは大きな意味を持つ。システム設
計の詳細を本書で紹介することは紙面の都合で難しいが、本書で紹介するス
ケジューリング原理に従って、実際に日々のスケジュールテーブルを生成す
る処理の流れなどは寺澤 (2004, 2006) に詳細に記載されているのでそちらを
参照していただきたい。

　ごく簡単に従来の方法と寺澤 (2004, 2006) で示されている方法の違いに説
明を加える。上記 (b) で示したような、現在のスケジュールの表現は、コ
ンテンツとタイミング条件と呈示条件の3者の組み合わせを、実際の暦の日
時に結び付けて表現したものである。それに対して、寺澤 (2004, 2006) は、
まず、スケジュールを、コンテンツとスケジュール条件 (タイミング条件×呈
示条件) の2つに分離し、そのうちスケジュール条件のみを暦の日時に結び
付けたスケジュールテーブルと、コンテンツデータベースの2つを用意する。
その上で、スケジュールテーブルの中で、1つのイベントユニットに対応す
るスケジュール条件を取り出し、そのスケジュール条件の一つひとつに対応

する識別記号を、スケジュール条件とコンテンツが 1 対 1 で対応するように、コンテンツデータベースに書き入れる。

　識別記号が書き入れられたコンテンツデータベースと、暦の日時とスケジュール条件が記載されたスケジュールテーブルだけを学習者ごとに用意すれば、日々の学習のためのテーブルは適宜次のように生成することができる。すなわち、スケジュールテーブルから当該日時に対応するスケジュール条件（識別記号）をリストアップし、それをキーとして、識別記号が書き込まれたコンテンツデータベースから対応するコンテンツを検索する。1 イベントユニット内には、同一コンテンツは複数配置されないというルールを設けていることで、識別記号（スケジュール条件）をキーに抽出されるコンテンツには、重複するコンテンツは含まれないことになる。一日分の学習で呈示されるコンテンツと、そのスケジュール条件が特定されることで、各コンテンツをどのような順序で、何度呈示するのかという、詳細なリスト（呈示リストと呼ぶ）を最終的に、任意の時点で作り出すことが可能になる。

　従来、コンテンツ、タイミング条件、呈示条件が混在した形でスケジュールが捉えられていたが、前述したように、この 3 者を分離し、さらにイベントユニット内に同一コンテンツは複数配置されないというルールを設けてスケジューリングを行うことで、比較的シンプルな処理により複雑で、膨大なスケジュールを生成したり、修正を加えたりすることが可能になる。

　また、本書で説明を加える、呈示ユニット、イベントユニット、インターバル、条件ユニットなどの概念に基づくイベントの配置は、最終的には個々のコンテンツの配置に対応するが、上述したようにその配置をシステムとして実現する場合には、直接コンテンツを貼り付ける前の段階として、タイミング条件と呈示条件の組み合わせであるスケジュール条件を配置する操作が必要となる。ここで紹介するスケジューリング法は、コンテンツを直接配置する方法というよりも、スケジュール条件を配置する方法と理解する必要がある。

5）条件ユニット

　先に説明した、インターバル相殺法を実現するために必要となる、イベントの配置ユニットである。すなわち、イベントユニットを更に一定期間に分けたものが条件ユニットであり、その期間内に、比較検討したい全ての呈示条件（コンテンツ項目ではない）や属性条件が、それぞれ最低 1 回出現する制約を設ける。この制約はインターバル相殺法を実現するために必要となる制約であるが、必ずしも必須ではない。条件ユニットは、呈示ユニット以上、イベントユニット以下の期間をとる。

　条件ユニットを設ける必要性などは本章の前半を参照いただきたいが、図2-3-1 を用いて、もう少し詳細な配置の工夫について以下補足する。

　図 2-3-1 は 2 か月（48 日）のインターバルでイベントが繰り返されるタイミング条件で、呈示条件として学習回数が 1 〜 16 回の 16 条件が設定されたスケジュール条件を表している。この例では、第 1 イベントユニット（48 日間）を 4 日ごとに区切り、全部で 12 個の条件ユニットを配置している。例えば、1 か月目の 1 日目には、学習回数が 1,8,9,16 回の 4 条件が割り振られ、2 日目は 2,7,10,15 回の学習回数が出現するようになっており、一つの条件ユニット（4 日間）で 16 条件全てが 1 回ずつ出現するようになっている。このように学習回数条件を割り振ったのは、各呈示ユニットにおける学習量や負担をできるだけ均質にするためである。

　なお、各条件ユニットに配置される 1 つの呈示条件に割り振られるコンテンツ項目の数は必ずしも等しくなくても良い。また、図 2-3-1 では、1 〜 4日と 5 〜 8 日の間の条件の組み合わせの順番が異なっているが、それは、呈示条件が現れる順序効果を少なくするためである（4 日間で条件が現れる順序は、ランダムでも良い他、より厳密なカウンターバランス法を用いてもよい）。

6）遅延期間（delay）と入れ子表記によるタイミング条件の表現

　タイミング条件は、非常に多様なパターンが想定でき、スケジュール期間

が長くなると、そのバリエーションは爆発的に増加する。そもそもタイミング条件は無限に想定できる特徴を有している。このような多様で、長い期間に及ぶタイミング条件を生成できなければ日常の学習を対象に、また生涯学習の基盤となるような教育支援を実現することは難しい。

　例えば、子どもは 1 年間ずっと同じペースで英単語の学習をやってばかりはいられない。途中、文法の学習や別教科の勉強を集中してやらないといけない時期もある。また十分マスターした英単語については、学習ペースを落とす必要も出てくるなど、同じ英単語の学習でも、異なるタイミング条件の学習を並列して組み入れていく必要が必ず出てくる。

　1) で説明したような、基本となるタイミングの反復のみでタイミング条件を定義する方法によれば、「3 日に 1 回のペース」「1 か月に 8 回のペース」というような、単純なスケジュールを定義することは可能であるが、より複雑で柔軟なスケジュールを定義することは難しい。

　そこで寺澤 (2004) は、これまで説明してきた、呈示ユニット、イベントユニット、インターバル、条件ユニットという概念に、新たに遅延期間 (delay) という概念を加えて多様なタイミング条件を表記する方法と、さらにそれらの組み合わせを、入れ子状にして表現することで、さらに多様なタイミング条件を効率的に表現し生成する方法を考案した。また、実際にそれにより表現されるタイミング条件と呈示条件、さらにコンテンツの属性条件 (例えば、英単語の難易度) などを指定することで、特定の属性を持ったコンテンツを特定のタイミング条件で、呈示条件で指定された呈示様式で生起するようにスケジューリングできる、スケジューリングシステムを開発した。

　つまり、タイミング条件と呈示条件、コンテンツの属性条件などが指定された、定義ファイルと、対応するコンテンツデータベースのみで、指定した最大期間分のスケジュールテーブルを自動生成することが現実的に可能になっている。

　上記アルゴリズムを利用して生成できるタイミング条件の例を、図 2-3-7

1ヵ月				2ヵ月				3ヵ月				4ヵ月				5ヵ月				6ヵ月			
6日	6日	6日	6日	6日	6日	6日	6日	6日	6日	6日	6日	6日	6日	6日	6日	6日	6日	6日	6日	6日	6日	6日	6日

A1 / B1 / C1 / C2 / D1 / D2 / E1 / E2 / E3

図 2-3-7　様々なタイミング条件

注）各タイミング条件の表記方法とその説明

A1：_E024_I024_J002_D000
　　1か月に1イベントのペースで生起するタイミング条件

B1：E048_I048_J004_D000
　　2か月に1イベントのペースで生起するタイミング条件

C1：_E006_I006_J001_D000
　　1週間に1イベントのペースで生起するタイミング条件

C2：_E006_I006_J001_D006
　　1週間休んだあと、1週間に1イベントのペースで生起するタイミング条件

D1：_E006_I006_J001_D000-_E004_I008_J000_D000
　　1週間に1イベントのペースで生起するタイミングを1か月続けた後、1か月間
　　休みを入れて、また1週間に1イベントのペースで生起するタイミングを1か月
　　続けるペースを繰り返していくタイミング条件

D2：_E006_I006_J001_D000-_E004_I008_J000_D004
　　D1とタイミング的には同じであるが、D1から始まりを1か月ずらすタイミング
　　条件

E1：_E006_I006_J001_D000-_E004_I012_J000_D000
　　1週間に1イベントのペースで生起するタイミングを1か月続けた後、2か月間
　　休みを入れて、また1週間に1イベントのペースで生起するタイミングを1か月
　　続けるペースを繰り返していくタイミング条件

E2：_E006_I006_J001_D000-_E004_I012_J000_D004
　　E1とタイミング的には同じであるが、E1から始まりを1か月ずらすタイミング
　　条件

E3：_E006_I006_J001_D000-_E004_I012_J000_D008
　　E1とタイミング的には同じであるが、E1から始まりを2か月ずらすタイミング
　　条件

にいくつか示した。A1 から E1 までの記号はタイミング条件を表しており、横軸は学習開始後の経過期間を示している。この図では、一区切りが 6 日間（1 週間とみなす）を意味しており、1 か月は 4 週間（24 日間）で表されている。各タイミング条件を横にたどっていくと、ところどころ太い線で区切られているが、それらは様々な期間の区切りを表している。それぞれのタイミング条件がどのようなタイミングを表現しようとしているのかを、図の注にそれぞれ示した。

　例えば、タイミング条件 A1 は、1 か月を、A2 は 2 か月、C1 は 1 週間をインターバルとするタイミング条件を表している。C2 は C1 とタイミング的には同じ条件であるが、開始を 1 週間遅延させた条件である。

　タイミング条件は、基本的に呈示ユニットとインターバルで表現できるが、これまで説明してきた、種まき法やインターバル相殺法の考え方を導入する場合のタイミング条件の表記には、イベントユニットと条件ユニットを含める必要がある。また、個々のコンテンツごとにスケジュールは規定できるため、一人の学習者が、並列的に複数のスケジュールに基づき学習を行う状況が設定できる。例えば、学習単元が異なる学習内容を期間をずらしてスケジューリングする必要があるときなどがそれに対応する（C1 と C2 の例など）。その場合には、開始時点からのずれに対応する遅延期間を表記に含める必要がある。

　寺澤（2004）は、時間次元の要因を制御する実験計画法を前提に、対応するタイミング条件を生成するために、タイミング条件を、最小単位とする呈示ユニット、イベントユニットの長さ（E）、インターバルの長さ（I）、条件ユニットの長さ（J）、遅延の長さ（D）で規定し、その表記に基づきスケジュールテーブルを生成するアルゴリズムを開発した。そのルールに基づき表記したタイミング条件を、図 2-3-7 の注に、それぞれのスケジュールに対応させて記載した。

　例えば、1 週間を 6 日とし、1 か月が 4 週間、すなわち 24 日で構成される

と想定し、この月と日に各種スケジュールを対応させ、図の各タイミング条件を説明する。A1 のタイミング条件は「_E024_I024_J002_D000」と表現されているが、これは、基本単位となる呈示ユニットを 1 日とした場合、イベントユニットが 1 か月、インターバルが 1 か月、条件ユニットの長さは 2 日、学習開始日（この場合、1 か月目の第 1 日目）から最初の A1 条件が始まるまでの遅延期間の長さは 0 日（遅延がない）という意味を示す。なお、この例では、インターバルとイベントユニットの長さが等しくなっているため（イベントユニットがインターバルより短い場合もある）、図のグラフ表示の横棒で表された部分は、インターバル内に撒き散らされたコンテンツが呈示（イベントが生起）予定になっていることを表している。同様に、B1 のタイミング条件は、イベントユニットが 2 か月、インターバルが 2 か月、条件ユニットの長さは 4 日、学習開始日から最初の B1 条件が始まるまでの遅延期間の長さは 0 日であることを意味している。

　ところで、遅延期間がある例として、C2 のタイミング条件が「_E006_I006_J001_D006」と表現されている。このタイミング条件は、イベントユニットが 6 日、インターバルが 6 日、条件ユニットの長さは 1 日、学習開始日から最初の C2 条件が始まるまでの遅延期間の長さは 6 日であることを示す。

　上記の例は、イベントの生起が毎日行われる予定のタイミング条件を示しているが、必要に応じて、1 回目の学習を終えた後、すぐに 2 回目の学習にとりかからないで少し期間を空けてから学習を行う場合もあり得る。このようなタイミング条件例を示すのが、D1, D2, E1, E2, E3 である。このようなタイミング条件を効率的に生成するため、寺澤（2004）は、タイミング条件の定義に、基本ユニットと副次ユニットによる入れ子の表記法を導入している。それにより、わずかなタイミング条件の表記により多様なタイミング条件を比較的容易に生成することが可能になっている。

　例えば D1 のタイミング条件は、「_E006_I006_J001_D000-E004_I008_J000_

D000」と表現されている。この表記の前半部分、すなわち「_E006_I006_
J001_D000」を基本ユニットと呼ぶようにする。この基本ユニットについて
は、前述した C1 のタイミング条件の表現方法と同様に解釈すれば良く、イ
ベントユニットが 6 日、インターバルが 6 日、条件ユニットが 1 日、学習開
始日から最初の D1 条件が始まるまでの遅延期間が 0 日であることを示す。
なお、入れ子表記を用いる場合は、基本ユニットのイベントユニット、イン
ターバル、条件ユニット、遅延期間は、それぞれ基本イベントユニット、基
本インターバル、基本条件ユニット、基本遅延期間と呼ぶことにする。

　一方、後半部分すなわち「E004_I008_J000_D000」を副次ユニットと呼ぶ。
副次ユニットの内容の意味は、基本ユニットにおける基本インターバル（D1
の場合 6 日）を副次ユニットにおける呈示ユニットとみなし、その呈示ユニッ
トを用いてタイミング条件を表現し直せばどのようになるかを表している。
基本インターバルを呈示ユニットとみなした場合の副次ユニットにおけるイ
ンターバル、イベントユニット、条件ユニット、遅延期間を、各々副次イン
ターバル、副次イベントユニット、副次条件ユニット、副次遅延期間と呼ぶ
ようにする。

　D1 のタイミング条件を例にとれば、基本ユニットにおける基本インター
バルは 6 日であるから、その単位を副次ユニットを表現する場合の呈示ユニッ
ト（最小単位）と考える。そうすると、D1 における副次ユニットは、副次
イベントユニットが 4 単位、副次インターバルが 8 単位、副次条件ユニット
が 0 単位、副次遅延期間が 0 単位となるタイミング条件と表現できる。

　同様に、D2 のタイミング条件は「_E006_I006_J001_D000-E004_I008_J000_
D004」と表記されている。これは、全体の学習開始日から最初のイベント
が生起する前に 1 か月の遅延期間があり、2 か月目からは 1 か月間イベント
が生起し、次の 1 か月休むというサイクルが、繰り返されるタイミング条件
である。基本ユニットは D1（すなわち C1）と同様であるが、副次ユニット
が変わってくる。すなわち、基本インターバル 6 日を 1 呈示ユニット（最小

単位）とみなせば、副次イベントユニットが 4 単位、副次インターバルが 8 単位、副次条件ユニットの長さは 0 単位、副次遅延期間の長さは 4 単位となるタイミング条件になる。このように、遅延期間の長さは、副次ユニットで表現することとし、基本ユニットでは表現せずに 0 としておく（基本ユニットにおける遅延期間と組み合わせれば同様な遅延期間を表現できる）。

　すなわち D2 は、基本イベントユニットが 6 日、基本インターバルが 6 日、基本条件ユニットが 1 日、基本遅延期間が 0 日であり、基本インターバル 6 日を 1 呈示ユニットとみなした場合、副次イベントユニットが 6 単位、副次インターバルが 6 単位、副次条件ユニットが 0 単位、副次遅延期間が 0 単位となるタイミング条件として表現される。

　さらに、E1、E2、E3 のタイミングの表現方法も、上記と同様である。例えば、E3 のタイミングでは、基本イベントユニットが 6 日、基本インターバルが 6 日、基本条件ユニットが 1 日、基本遅延期間が 0 日であって、基本インターバル 6 日を 1 呈示ユニットとした場合、副次イベントユニットが 6 単位、副次インターバルが 6 単位、副次条件ユニットが 0 単位、副次遅延期間が 8 単位となる。

　以上のように、タイミング条件を基本ユニットと副次ユニットとに分けて 2 階層表示することで、様々な条件のタイミング条件を効率良く表現することができる。これを進めて、例えば、副次ユニットを第 1 副次ユニット、第 2 副次ユニット、……とさらに分割して構成すれば、タイミング条件を基本ユニットと第 1 副次ユニット、第 2 副次ユニット、……と多階層で表現することも可能である。

　これまで説明したように、タイミング条件をわざわざ入れ子的に表現しなければならない理由は、無限に想定される多様なタイミング条件を、効率的に表現するためである。例えば、E1 のタイミング条件を言語的に表現すれば、図 2-3-7 の注にあるように、非常に分かりにくい表現にならざるを得ない。それに対して、入れ子的に表現することにより、コンピュータの力を借

りて単純な表現の組み合わせで複雑な表現が可能になる。コンピュータは同様のパターンを反復して生成することは非常に得意である。入れ子的に表現することで、種まき法やインターバル相殺法の利用を前提とするタイミング条件を、ミクロなレベルからマクロなレベルまで一定のルールに基づいて記述し、長期にわたるスケジュールを自動生成することができる。上記入れ子的表記法に基づき、実際に複雑なタイミング条件を生成するアルゴリズム、および、そのタイミング条件と、呈示条件とコンテンツの属性条件をリンクさせて、完全なスケジュール条件を生成するアルゴリズムは、本書では到底説明することができないが、その詳細は寺澤（2004）に示されており、それを実装したシステムが実際に稼動している。この表記法とアルゴリズムを作り上げることは、当該システム構築を行う上で最も困難な作業の一つであった。

時間次元の要因を制御することの重要性

　マイクロステップ・スケジューリング法という、新たな実験計画法を、一般の学校で行われている英単語や漢字の e ラーニングへ適用することで、従来にない精度で、学習者ごとの到達度の変化を客観的に描き出すことが可能になったことが明確に示された。

　すなわち、日常的になされている一般的な学習場面を対象に、日々なされる学習の効果を、2、3 週間という短いサイクルで描き出し、その積み重ねの様子を個別にフィードバックできることが明らかになった。特に、個人の到達度の変化を描き出している研究はこれまで見られない。この事実は、第 2 部で示された、タイミングやインターバルといった、時間次元の要因が、如何に人間の行動予測にとって大きな影響を持つ要因であるのかを如実に表している。

　学習者の到達度が厳密に描き出されるようになった事実は、本書で紹介した教育支援が、一般の教育現場で有効に機能することを示している。一般の

教育現場でこのような支援を実現するためには、様々な問題を解決する必要があったが、それらを解決することで、一つのモデル的な教育支援が実現されたと言える。

　さらに、個人の到達度の変化を個別にフィードバックすることが、学習者の動機づけに深く関わる自己効力感をはじめ、内発的動機づけ等を向上する事実が明らかになった。例えば、児童の日常の様子を把握している教師が、フィードバックの客観的な結果と児童の特徴をつなげて学習指導を加えたところ、それまで実力はあってもなかなか自信を持てなかった児童の行動が、大きく変わった事例など、本書では紹介しきれないエピソードがある。教師は普段から、もう少し自信を持って行動をするようその児童を励ましていたが、その指導に客観的なデータが加われば、これまでにない指導の効果が現われてくることは間違いない。

　本書では紹介できなかったが、小学生対象の長期学習実験において、学習することが成績につながるということに疑念を抱いている児童が数多くいたことが示されたことがある。学習には積み重ねが大切であることは、普段から教師や保護者がよく口にしていることである。それを耳にした子どもは、必ずしも、その信念が自分に当てはまるとは考えていない可能性がある。学習の積み重ねが、自分自身の学習によって明確に、また客観的なデータとして描き出されるようになったことは、子どもが普段から感じている疑問に、科学的に答えられるようになったことを意味している。事実を示すのみで、子ども自身の学習に対する認識が変わる可能性は大きいのではないだろうか。これまで、“説得”によって子どもの学習に対する意欲を高めていた教育を、事実を示す“説明”により子ども自身の意識を変えていく教育へと変わっていくきっかけになれば幸いである。

　このような教育的意義とは別に、本研究は新しい学術研究を創生する可能性を示している。すなわち、本研究により開発されたシステムは、学習者一人ひとりから収集される、何十万という様々な反応データを詳細に記録し、

時系列データとしてまとめることを可能にしている。このようなデータは、従来の社会科学の研究では収集できなかったデータである。いわゆる縦断的研究を、多人数の人を対象に長期にわたり実施し、様々な指標に対する反応の変化を時系列的に描き出すことが原理的に可能になったことを意味している。それも調査イベントの生起タイミングなどを厳密に制御することで、さらにデータの質を上げることが可能になろう。

　現在、様々なデータを収集する技術が進歩しており、容易にデータを収集することが可能になってきている。しかし、人間の行動のように、多様で、生起タイミングなどを制御できないものを対象にして、時系列的に生起する反応を全て収集したとしても、そこから有意義な情報を抽出することは難しいといえる。なぜなら、生起タイミングは無数想定され、なおかつそのタイミング自体が、その後の人間の反応に重層的な影響を与えるため、時系列情報を制御せずに反応データを収集していては、意味のある情報が埋もれてしまう可能性が高いためである。

　本書で紹介したマイクロステップ・スケジューリング法は、単に反応データを集めていくアプローチではなく、あらかじめ緩やかに人間の行動の生起を制御した上で、膨大な反応データを収集していくアプローチである。個人レベルの到達度の変化パターンがこれまで一切報告されていない事実からすれば、本書で定義したタイミングやインターバルといった時間次元の要因が、人間の行動予測に剰余変数として非常に大きな影響を与えていたことが推測できる。

　時間次元の要因を緩やかに制御し、膨大なデータを収集するアプローチの有効性は明らかである。今後、このアプローチにより収集される膨大な時系列データを活用するための、解析技術、および因果推論の方法論の開発等、様々な課題の解決が必要になってこよう。

　時間次元の要因は、人間の経験の本質に関わるものである。さらに言えば、人間の記憶や認識、思考は人間の経験からもたらされるものである。それゆ

え理論的には、人間の記憶や思考、認識のメカニズムの理論化には "時" の流れを理解することが必要になってくる。結論を申し上げれば、人は、経験（記憶）を時間次元の情報として蓄え、入力される空間情報を時間次元に変換し、時間次元で情報を処理している。全てのキーは時間情報とその処理にある。

　本書は、高精度教育ビッグデータにより新たに明らかになってきた事実をいち早く紹介したが、実のところより重要なポイントは、経験を如何に表現するのかという、本質的な問いに対する一つの切り口を提示したことにある。第 2 部で紹介したスケジューリングの考え方は、経験のコーディング法の一つであるが、その方法は他にもある。時間情報の変化として経験（学習）をとらえ、ニューロンレベルで記憶と認識を説明する、MAN のニューロ原理と呼んでいる考え方もある（寺澤, 2003)。詳細は本書では紹介できないが、記憶、認識、知覚など全ての認知処理は時間情報として表現され、蓄積された膨大な情報から連続して瞬時に生成されていると考えられる（寺澤, 2003; Terasawa, 2005)。本書のスケジューリングの原理は非常に難解に思われるかもしれないが、もっと面白いパズルがあることを知っていただきたい。

引用文献（第 2 部）

Dempster, F. N. 1996 Distributing and managing the conditions of encoding and practice. In E. L. Bjork and　R. A. Bjork（Eds.), Handbook of perception and cognition (2nd ed.). Academic Press. Pp.317-344.

福沢周亮　1982　現代教育心理学　教育出版

藤森　進　1993　テスト得点の統計的モデルによる分析：項目反応理論　繁桝算男（編）「教育システム工学 第 3 巻 教育情報の分析」 第一法規, 85-102.

池田　央　2000　アセスメント技術からみたテスト法の過去と未来　日本教育工学雑誌, 24, 3-13.

北尾倫彦　2002　記憶の分散効果に関する研究の展望　心理学評論, 45, 164-179.

水野りか　2002　分散効果の知見に基づく効果的, 効率的でやる気の出る反復学習方式の考案と検証　教育心理学研究, 50, 175-184.

森 敏昭 2004 教育心理学の不毛性論議のゆくえ 「書斎の窓」 有斐閣, 533, 43-46.

Neisser, U. 1988 The ecological approach to perception and memory. New trends in experimental and clinical psychiatry, 4, 153-166.

Roediger III, H.L., & Blaxton, T. A. 1987 Effects of varying modality, surface features, and retention interval on word fragment completion. Memory & Cognition, 15, 379-388.

寺澤孝文 1994 先行経験の長期持続的効果に対する知覚的情報の重要性―テスト項目の表記形態の効果― 日本心理学会第58回大会発表論文集, 815.

寺澤孝文 2001 記憶と意識 森敏昭編（著）「認知心理学シリーズ1 おもしろ記憶のラボラトリー」 北大路書房, 101-124.

寺澤孝文 2004 スケジュール作成方法及びスケジュール生成システム及び未経験スケジュール予測方法並びに学習スケジュール評価表示方法, PCT/JP2004/006487（公開特許明細書）.

寺澤孝文 2006 スケジュールの作成方法及びそのプログラム並びにスケジュールの作成方法のプログラムを記憶した記憶媒体, 特許第3764456号.

寺澤孝文・吉田哲也・太田信夫 2008 英単語学習における自覚できない学習段階の検出―長期に連続する日常の場へ実験法を展開する 教育心理学研究, 56, 510-522.

おわりに

　これまでの研究により確信したことが４つある。以下でそれに説明を加えることで本書のまとめとしたい。

第一の確信：人間のすばらしい能力の存在
　第一の確信は、人間が備えているすばらしい能力の存在である。ほとんど全ての子どもに、ドリル学習の積み重ねの効果が描き出された事実は、人間がわずかな学習であっても、その効果を想像以上に長期にわたって蓄え、利用できる能力を持っていることを意味している。この能力に関しては、近年、潜在記憶と呼ばれる記憶に関係する実験室的研究で研究が進んでいるが、その能力の一面が、日常的で一般的な普段の教育・学習場面において垣間見られたわけである。

第二の確信：高精度教育ビッグデータによる社会科学の発展
　第二の確信は、マイクロステップ・スケジューリング法の有効性である。これまでの研究で、様々なイベントの生起に関して、その生起タイミングやインターバルといった、時間次元の要因を緩やかに制御し、膨大な反応データを収集することで、データの精度が格段に高くなることが明らかになった。この方法を発展させることで、膨大で詳細な時系列データが利用できるようになれば、様々な事象の生起や変化の予測力は間違いなく高まるはずである。日常の連続する、自由度の高い生活の中で、長期にわたって人間の行動データを一定のタイミングで収集することは容易なことではない。その問題を解決したことにより、この先にこれまでなかった、大きく新しい研究領域が生まれてくることは確実である。

第三の確信：新しい学問領域の必要性

　本研究は、実験心理学の実験計画法と、データベースシステム開発のような、情報工学的な知識の両方がそろわなければ実施できない研究である。異なる２つの領域のスキルが揃ったことにより、ようやくこのような研究成果が出せたとも言える。本書では、この実験で利用したコンピュータシステムについてはほとんど説明していないが、本研究の成果が得られたのはひとえにこのシステムが開発されたことによると言っても過言ではない。心理学と情報工学の両領域の研究者の共同というよりも、どちらのスキルも備えた研究者の育成が必要であると現在のところ認識している。また、情報工学の分野でも、これほど多様で膨大な時系列データがほぼ永遠に収集されつづける事態は想定されていないように思う。収集される新たな時系列データの解析手法の開発はもちろんであるが、これまで想像もできなかった膨大で多様で自由度の大きなデータを効率的に蓄え、処理するための基盤はすぐにも必要となってこよう。

第四の確信：教育が「説得」から「説明」へと変わる

　これまでとは比較にならない精度で子どもの実力を測定し、それを個別にフィードバックすることができるようになったことで、子どもに対して、自分自身に関するデータを客観的に提供することができるようになった。これまで、見えなかった実力のレベルが目に見えるようになったことで、誰もが自分自身の実力を把握し、見通しを持ち、自分のペースで学習を進められるようになると言えよう。子どもに分かりやすい形で、その情報を提供し、その情報を教師が有効に活用することで、教育は"説得"から"説明"へと確実に変容するはずである。

　最後に、科研の研究助成と、実験を実施する上でご協力をいただいた多くの方々にお礼を申し上げたい。今後さらに、この研究を一般の教育場面へ展

開していくよう、また、この研究成果が社会に速やかに還元されるよう努めていくつもりである。

　本研究により、新たなアプローチはどうにか実践レベルに到達したと言えよう。ただし、このアプローチを本当の意味で人々の役に立たせるためには、研究とはまた違う障害を克服しなければならない。もはや研究者だけでは解決できないレベルの問題も見え始めている。多様な方の協力と支援がなければ、この研究は単なる研究で終わってしまう可能性が高い。研究はあくまで理想的なモデルを呈示するものであり、常にその基盤は危うさを伴っている事実をご理解いただきたい。多くの方の理解を得つつ、できることから研究を実践へとつなげる営みを続けていくのみと考えている。

　最後になったが、本書で紹介した、マイクロステップ・スタディと呼んでいる e ラーニングは、既に実用段階に入っており、全国の学校等に導入を働き始めている他、一般の教育関連企業がその基盤を利用し始めている。それらの導入に関心のある方は、是非下記にお問合せいただきたい。

お問合せ先（マイクロステップ・スタディで検索してください）
岡山大学大学院教育学研究科実践データサイエンスセンター

■ 編著者

寺澤 孝文（てらさわ　たかふみ）

長野県高森町出身。筑波大学大学院博士課程心理学研究科修了（1994 年）。筑波大学心理学系助手を経て、現在、岡山大学大学院教育学研究科教授。2021 年 4 月より、岡山大学学術研究院教育学域教授。博士（心理学）

主な著書　「再認メカニズムと記憶の永続性」風間書房、「理論からの心理学入門」（分担執筆）培風館、「Dynamic Cognitive Processes」（分担執筆）Springer Verlag、「英語教育学と認知心理学のクロスポイント：小学校から大学までの英語学習を考える」（分担執筆）北大路書房、その他。

■ 執筆者（第 1 部第 3 章）

田邊 彰洋（たなべ　あきひろ）

広島県三次市出身。岡山大学大学院教育学研究科修了（寺澤孝文研究室所属）。民間企業での勤務を経て、2019 年度より岡山大学大学院教育学研究科実践データサイエンスセンターにおいてマイクロステップ・スタディの運用に携わる。2021 年 4 月より、岡山大学学術研究院教育学域助教（特任）。修士（教育学）

山際 あゆみ（やまぎわ　あゆみ）

鹿児島県鹿児島市出身。岡山大学大学院教育学研究科修了。岡山大学異分野融合先端研究コア助手等を経て、2019 年度より岡山大学大学院教育学研究科実践データサイエンスセンターにおいてマイクロステップ・スタディの運用に携わる。2021 年 4 月より、岡山大学学術研究院教育学域助教（特任）。修士（教育学）

高精度教育ビッグデータで変わる記憶と教育の常識
―マイクロステップ・スケジューリングによる知識習得の効率化―

2021 年 3 月 31 日　初版第 1 刷発行

編著者　　寺　澤　孝　文

発行者　　風　間　敬　子

発行所　　株式会社　風　間　書　房
〒 101-0051　東京都千代田区神田神保町 1-34
電話 03(3291)5729　FAX 03(3291)5757
振替 00110-5-1853

印刷　堀江制作・平河工業社　　製本　井上製本所